面向东盟的金融开放门户改革创新典型案例

（2020）

TYPICAL CASES OF REFORM AND INNOVATION OF THE OPEN FINANCIAL DOOR TO ASEAN (2020)

广西建设面向东盟的金融开放门户指挥部办公室　编

社会科学文献出版社
SOCIAL SCIENCES ACADEMIC PRESS (CHINA)

面向东盟的金融开放门户改革创新典型案例（2020）编委会

前　言

按照国家战略部署，广西正加快建设面向东盟的金融开放门户，力争成为我国金融改革的重要试验田、区域金融改革的重要参考系、金融业“走出去”的重要出发地、金融业“引进来”的重要衔接区和人民币国际化的重要先行区。

2020年，广西金融业实现增加值1569亿元，同比增长6.8%，高出GDP增速3.1个百分点，对GDP增长贡献率13.1%，为7年来最高。各项贷款余额35196.8亿元，同比增长15.4%，增幅排全国第7位、西部第1位。实现保费收入734亿元，同比增长10.4%，增速排全国第3位。资本市场直接融资总额达1981亿元，同比增长49%。广西跨境人民币结算累计总量达1.28万亿元，排名全国第十、西部第一。

以推动人民币面向东盟跨区域使用为重点，着力推进131项重点改革任务，取得重要成效108项。统筹推进保险创新、绿色金融改革创新、跨境金融创新、直接融资改革创新、农村金融改革、农村信用社改革等“六大试点”，形成案例成果135个。

截至2020年底，中国—东盟金融城入驻金融机构（企业）162家，是2018年末的8倍。中银香港东南亚业务营运中心、中国太平东盟保险服务中心、深交所广西服务基地、上交所资本市场服务广西基地等一批标志性平台落地。打造中国—东盟跨境金融服务中心、中国—东盟金融大厦等特色楼宇。成功举办中国—东盟金融合作与发展领袖论坛、中国—东盟银联体高官会、中马经贸对接会、太平保险合作与发展论坛等系列境内外金融交流合作活动，成立中国—东盟金融合作学院，逐步形成面向东盟金融交流合作机制。

扎实推进广西资本市场改革创新发展，呈现出直接融资比重明显提升、债券融资大幅增长、企业上市培育基础夯实、私募股权基金行业稳步发展的良好势头。2020年，全区新增直接融资总额占社会融资比重为28.1%，较2019年提升7个百分点。其中，非金融企业信用债发行规模达1661亿元，发行规模创下历史新高，同比增长54.3%，增速排名全国第2位。险资运用余额达1209亿元，同比增长1倍以上。

进一步完善地方金融监管体系，出台《广西地方金融监督管理条例》，健全防范化解重大金融风险机制。广西信用债券违约率、违约发行人个数、违约债券只数、违约债券额均位列全国最少的五个省（区市）之一。推出领航、英才、远航三大金融人才计划。在金融开放门户建设中，涌现出一批优秀人才，其中11个自治区劳动模范、先进工作者、担当作为先进个人，70个广西金融改革创新先进个人，50个广西金融改革创新先进集体。

经过两年多的努力，广西金融改革创新的意识大大增强，金融生态环境得到较大优化，金融要素不断集聚，服务实体经济发展的能力不断增强，涌现出了一些经典案例，为了更好地推广这些优秀案例的创新精神，积极鼓励更多的优秀创新项目，特将部分典型案例进行集合出版。限于组织者的能力和水平，所选案例可能存在一些错漏和不足，敬请读者批评指正！

目 录

Ⅰ 十大创新案例

全国首创铁路资产收益权质押融资模式 …………………………… / 001
大宗商品结构化贸易融资业务 ………………………………………… / 010
全国首创农业保险保单质押融资助推乡村振兴 ……………………… / 018
全国首单战疫公司债支持实体经济 …………………………………… / 027
全国首单面向农户的集合型土地承包费 ABS ……………………… / 037
以金融为纽带的精准招商模式 ………………………………………… / 045
科技赋能创新信贷智能风控 …………………………………………… / 054
全国首创“债贷结合”收费公路融资模式 …………………………… / 063
财政金融联动机制赋能经济稳增长 …………………………………… / 071
创新互市结算“农信模式”助力“兴边富民” ……………………… / 081

Ⅱ 十九大优秀案例

“海外贷”助力广西跨境人民币双向融资 …………………………… / 092
全国首单增强型并购中期票据 ………………………………………… / 100

全国首创白糖“保险 + 期货”县域项目助力罗城脱贫攻坚 ……… / 108
广西首笔一级市场“债券通”落地 …………………………… / 118
中资银行首笔康拓区块链信用证 …………………………… / 125
中国—东盟跨境征信服务平台 ……………………………… / 134
数字化转型下的银行智慧营运体系 ………………………… / 143
创新联动融资模式支持企业跨境业务 ……………………… / 152
科技赋能新通道多式联运物流金融 ………………………… / 160
全国首创复工企业疫情防控综合保险 ……………………… / 167
全区首创复合模式跨省并购 A 股上市公司 ………………… / 175
产业扶贫立体网全方位服务脱贫攻坚 ……………………… / 184
破解“六大难题”构建“五位一体”农村信用体系 ………… / 192
广西首单非金融企业“次级永续债” ……………………… / 202
广西首笔法人金融机构全口径跨境融资 …………………… / 210
引跨境人民币助环保业发展 ………………………………… / 217
创新监测系统助力营销风控融合 …………………………… / 224
首次为广西人量身定制重疾险产品 ………………………… / 233
广西城商行首家金融市场业务独立持牌专营部门 ………… / 240

I　十大创新案例

全国首创铁路资产收益权质押融资模式

国家开发银行广西壮族自治区分行（以下简称“国家开发银行广西分行”）创新模式，以连接北部湾经济区与粤港澳大湾区、加强与东盟合作的重要枢纽工程——新建南宁至玉林铁路项目（以下简称“南玉铁路”）为切入点，成功实现全国首个铁路资产收益权项下应收账款质押项目落地，打通地方铁路项目担保资源不足导致的融资瓶颈障碍，以金融机制改革创新支持面向东盟的金融开放门户建设。

一　案例简介

（一）背景情况

1. 项目意义

铁路是国民经济的“大动脉”，持续加大对铁路等重大交通基础设施的融资支持力度，是促进交通运输与区域发展融合、加强经济文化金融等要素交流、构造新型经济格局的先决条件，是推动“一带一路”

互联互通的关键支撑。南玉铁路是南宁至深圳高铁的重要组成部分，也是广西首条地方自主投资建设的350km/h高速城际铁路，远期将联通深圳，形成对接粤港澳大湾区的南深通道，成为连接广西北部湾经济区与粤港澳大湾区、珠三角经济区的重要枢纽工程，具备成为国家铁路主干网的发展条件，对加强与东盟的合作，建设面向东盟的金融开放门户有着重要作用。

2. 发展现状

随着中国铁路改革不断深入，中央和地方事权进一步明确，我国铁路建设进入转型调整期，铁路建设从国铁主导向地方主导转变，地方铁路建设任务重，融资压力加大。在铁路行业债务规模不断增大的背景下，各省份地方铁路在建项目大部分面临资金接续能力不足及担保资源有限等问题。

以本项目为例，作为广西融入粤港澳大湾区的首条350km/h高铁，南玉铁路正线全长约193公里，连接首府南宁和人口大市玉林，总投资约270亿元，其中，资本金约136亿元，融资需求134亿元。项目业主为广西南玉铁路有限公司，其控股股东作为自治区人民政府设立的铁路项目投融资主体，参与了广西所有合资铁路与地方铁路的投资建设，是广西铁路建设最重要的参与者，也集中承担了自治区内铁路项目投资建设的各种压力，亟须释放负债空间，优化企业债务结构，加快铁路建设，实现自身可持续健康发展。

从广西发展来看，《广西壮族自治区国民经济和社会发展第十四个五年规划和2035年远景目标纲要》提出“加快构建连接周边中心城市的高标准出省高铁客运通道，着力打造北部湾城市群城际铁路网，实现高铁动车运营总里程达3000公里”，则自治区需要新建铁路超过1200公里，预计总投资超过2000亿元。按照传统模式继续依靠股东保证担保已经难以满足广西地方铁路发展的融资需求，需要创新信用结构，破除担保资源限制。

（二）主要做法

1. 直击问题，创新研究，落实中央文件精神

2019 年 9 月，中共中央、国务院印发的《交通强国建设纲要》提出，要“深化交通投融资改革，增强可持续发展能力”，持续深化改革，坚持试点先行、典型引路，鼓励有条件的地方和企业率先开展交通强国试点，形成一批可推广、可复制的典型成果，以点带面、纵深推进。2021 年 3 月发布的《中华人民共和国国民经济和社会发展第十四个五年规划和 2035 年远景目标纲要》中明确提出“加快城际铁路、市域（郊）铁路建设”“推动区域性铁路建设”。为贯彻落实党中央、国务院文件精神，切实解决地方铁路担保资源不足的问题，国家开发银行广西分行坚持开发性金融理念，遵循金融发展规律，积极为地方铁路企业纾困。

2. 系统谋划，多方协调，探索提出融资模式

国家开发银行广西分行多次召开专题会议，按照“跳出传统思路，力争最优条件，确保全额授信”的目标，遵守“理论上行得通、实践中可操作、融资模式能推广”的原则，多次走访自治区铁路建设办公室、人民银行登记中心、项目业主企业等相关单位，经过不断探索研究，针对地方铁路项目业主不具备票款收费权的现状，开创性地提出将铁路资产形成的收益权进行质押，夯实项目信用结构，有效解决担保不足问题。本项目打通了地方铁路项目担保资源不足导致的融资瓶颈障碍，成功实现全国首个铁路资产收益权项下应收账款质押项目落地，以金融机制改革创新贯彻落实广西“三大定位”新使命和“五个扎实”新要求。可以说，本项目是新形势下支持重点基础设施建设的重大创新，是开发性金融支持面向东盟的金融开放门户建设的成功举措。南玉铁路资产收益权质押担保模式如图 1 所示。

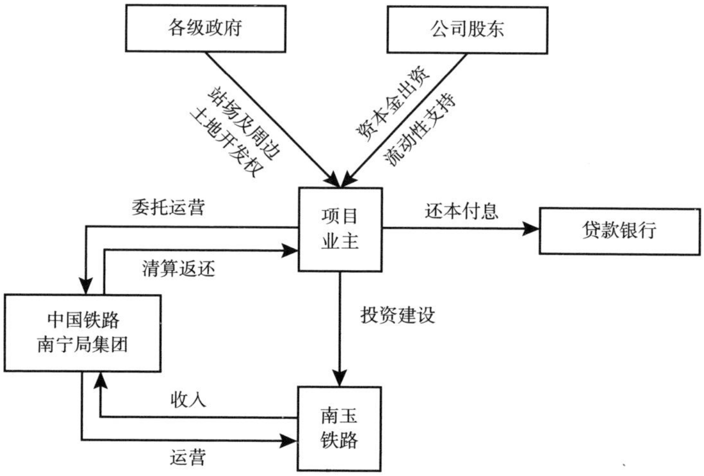

图1　南玉铁路资产收益权质押担保模式

（三）取得成效

1. 成功实现该模式在全国首次落地，实现合同签订和贷款发放

2020年12月31日，国家开发银行广西分行作为银团牵头行与项目业主签订项目附带转让安排银团贷款合同，合同金额134亿元并成功实现贷款发放。截至2021年3月末，分行累计发放贷款12.6亿元，项目贷款余额12.6亿元。目前项目路基、桥梁、隧道等工程建设进度正常，预计2023年12月底建成通车。

2. 带动3条重点铁路项目建设，具备较大的推广应用价值

本项目成功落地后，由广西地方主导的铁路项目均拟采用铁路资产收益权质押作为融资主信用结构，2021年重点推动新建崇左至凭祥铁路等3个项目，总投资合计633亿元，融资需求合计317亿元。同时本项目将有力助推“十四五”期间广西开展铁路投资建设。

二 创新点

交通基础设施项目普遍融资额度大、贷款期限长，需要长期、大额的担保作为信用结构，在投融资主体相对集中的广西，担保资源紧张的问题尤为突出。为突破担保资源不足的限制，国家开发银行广西分行发挥开发性金融“融智”优势，构建基于项目自身的信用结构，创新设计铁路资产收益权质押担保模式，并在重大交通项目融资中成功落地，打造了创新支持交通基础设施补短板的“广西路径”，有力支持了面向东盟的金融开放门户建设。

（一）创新担保模式，突破铁路项目融资担保瓶颈

本项目通过创新机制重点解决了担保资源匮乏这一首要问题。南玉铁路融资金额大、贷款期限长，基于市场的不确定性与长期以来的惯性思维，各金融机构均对本项目提出了控股股东超股比全额担保或各股东按股比担保的融资方案。但在实践中，控股股东超股比全额担保难以落实，其余股东担保实力有限，传统的股东担保信用结构难以为继。针对这一困境，国家开发银行广西分行创新设计资产收益权质押担保模式，以项目公司合法享有的资产收益权及其项下收益所形成的应收账款为贷款提供质押担保，利用铁路自身收益权作为信用结构，减少股东担保资源占用，创新助力地方铁路项目建设，解决了担保资源匮乏的首要问题，实现了对面向东盟的金融开放门户的有效支持。

（二）创新风险缓释机制，有效防控贷款风险

将清算返还收入以收益权质押的方式锁定，从源头监控项目现金流，综合运用账户监管、动态还款机制等风险缓释措施，有效防控贷款风险。为促进铁路建设的可持续发展，国务院办公厅发布了《关

于支持铁路建设实施土地综合开发的意见》，鼓励对铁路用地及站场毗邻区域土地综合开发利用；自治区人民政府办公厅于2018年印发《广西支持铁路建设促进土地综合开发的若干措施》，赋予铁路项目业主单个站场周边750～1500亩土地综合开发权。结合以上文件精神，国家开发银行广西分行拓展思路，主动谋划，用好用足相关政策支持，积极争取铁路站场及周边土地综合开发收益，及时跟进把控项目综合现金流，通过设置动态还款机制等风险缓释措施，多管齐下，有力防控贷款风险。

（三）结合项目实际，创新设计还款计划

铁路项目具有融资额度大、资产寿命期长、需要一定市场培育期、经营效益偏低等特点，在项目运营初期现金流通常较为短缺，难以依靠项目现金流实现还本付息资金的全覆盖。国家开发银行广西分行根据西部地区城际铁路的特点，结合项目未来运营情况，设计了与项目现金流相匹配的还款计划，缓解了借款人运营初期还本付息的压力，保证了其未来的持续经营。以南玉铁路为例，经测算，运营期前5年项目现金流与利息支出存在较大缺口，若再考虑还本要求，项目现金流压力巨大，这也是不少大型公共基础设施项目的共性问题。针对这一情况，国家开发银行广西分行坚持从实际出发，深入分析南玉铁路项目自由现金流变化趋势，设计了与项目现金流相匹配的还款计划，使借款人可以根据实际运营现金流情况偿还本息，有效缓释了项目现金流与还款计划错配造成的流动性风险，减轻了借款人及其股东的流动性压力。

三　应用价值

本项目改变了以往铁路项目只能依赖股东担保的融资方式，是开发性金融支持广西重大基础设施建设的又一次成功探索，是新形势下金融

支持重大基础建设的全新模式，是金融机构支持面向东盟的金融开放门户建设的有效举措。南玉铁路作为国内第一个成功运用该模式并实现合同签订的项目，为今后其他铁路项目的融资提供了新方案、新经验，具有重要和广泛的应用价值（见图2）。

图2　南玉铁路控制性工程六景郁江特大桥正在火热建设中

（一）提升担保资源使用效率

广西地方铁路建设采用“区市共担”的方式，由铁路建设主体企业作为控股股东，与沿线地市出资代表共同成立项目公司对外融资。受相对靠后的经济体量与西南边陲的地理位置影响，广西地方铁路项目公司往往难以获得金融机构免担保授信。因地市出资代表担保资源有限，信用结构基本依赖控股股东超股比全额担保。但对控股股东而言，铁路项目占用的担保资源规模庞大，仅为南玉铁路这一个项目担保就需要占用134亿元，超股比全额担保方式明显不可持续，也不符合企业风险管理精神。运用资产收益权质押担保模式，无须占用股东的担保资源，而是以铁路资产收益权作为质押担保，为企业节省大量担保资源，单此项目就为股东释放134亿元担保空间，使企业资产负债结构得以优化，经营效率得以提高。同时助力企业提升经营效能和融资能力，抓住机遇建设西部陆海新通道，更好地支持地方铁路建设，促进广西更快更好实现交通强区目标，为支持面向东盟的金融开放门户建设打牢了基础设施建设的根基。

（二）有效防控项目偿债风险

基于《关于支持铁路建设实施土地综合开发的意见》《广西支持铁路建设促进土地综合开发的若干措施》等文件精神，铁路站点周边土地综合开发形成的收益可以成为铁路项目还款现金流的有力补充。由于土地综合开发的不确定性，依靠单一的账户监管难以把控项目综合现金流。因此，国家开发银行广西分行在设置铁路资产收益权质押的基础上，结合多种风险缓释措施，构建了全面的综合偿债保障体系，进一步夯实项目信用结构，在金融创新的同时严格规避项目风险。

（三）为同类项目提供可复制、可推广的融资模式

与高速公路由项目业主根据地方政府批复分段自主收费不同，铁路由国铁实行全国路网统一调度，在经营模式上以委托运营、获取清算返还收入为主，铁路项目业主实际上不是票款的直接收入主体，无法简单照搬高速公路收费权质押模式。经研究，铁路项目业主作为资产的所有权人，每月享有铁路资产带来的稳定清算返还收益，因此铁路资产收益权质押担保具备理论可行性。通过与有关部门沟通咨询，国家开发银行广西分行又探索确定了铁路资产收益权质押担保模式具备操作可行性。作为国内第一个成功运用该模式并实现合同签订的项目，本项目成功落地后，政银企三方高度认可，积极推广应用，由广西地方主导的铁路项目拟全面采用铁路资产收益权质押作为融资主信用结构。2021年将重

点推动落地 3 个项目，总投资合计 633 亿元，融资需求合计 317 亿元。一是新建崇左至凭祥铁路项目，总投资 149 亿元，融资需求 75 亿元；二是新建南宁至深圳铁路玉林至岑溪（桂粤省界）段项目，总投资 152 亿元，融资需求 76 亿元；三是新建柳州至广州铁路柳州至梧州段项目，总投资 332 亿元，融资需求 166 亿元。同时将有力助推“十四五”期间广西约 2000 亿元的铁路投资建设。国家开发银行广西分行首创的铁路资产收益权质押模式同时具备理论可行性和操作可行性，为同类项目提供了可复制、可推广的新模式，是开发性金融支持建设面向东盟的金融开放门户的成功典范。

本文主创团队：国家开发银行广西壮族自治区分行
执笔人：王丽娜、邵京京

大宗商品结构化贸易融资业务

在广西的有色金属生产加工产业链中，部分民营企业生产经营实力不断壮大，扩大再生产需求较旺盛，而传统贸易融资业务和信贷业务对新建项目的财务指标、增信要求等设限较多，新建项目通过传统渠道获取充足的金融资源支持存在一定困难。中国银行股份有限公司广西壮族自治区分行（以下简称“中国银行广西分行”）通过仔细研究相关企业的生产经营特点和贸易特点，创新开发了基于长单合同项下的大宗商品结构化贸易融资产品，并在产品组合、风险控制、业务渠道方面提供了完善的配套支持，推动了相关业务的顺利开展，建立了可复制、可推广的成熟业务模式，切实解决了客户大额、稳定的金融资金需求。

一　案例简介

大宗商品结构化贸易融资业务是指银行对交易本身的货物流、资金流、信息流等进行监控管理，并签订相关合同协议来保障自身的权益，从而为企业提供授信支持。在本案例中，中国银行广西分行聚焦铜冶炼产业链中相对处于谈判弱势地位的大型铜生产加工民营企业融资需求，密切跟踪研究企业产品生产销售的全流程特点，与企业上游供应商及供应商所在地服务银行进行有效沟通，以企业与上下游的长单合同为切入点，量身定制了结构化贸易融资产品，打破了传统产品交易单证审核、增信条件设定、企业生产年限限制等一系列制约条件，助力企业获得了“快”“准”“惠”的金融产品支持，有效提升了广西有色金属冶炼企业获得信贷资源的便利性（见图1）。同时，该案例具有极强的可复制性，适用多类大宗商品贸易和加工企业，能够打开金融资源与实体经济合作发展的新路径。

图1　中国银行广西分行与企业共同参加首发业务仪式

二　创新点

通过金融产品模式创新，搭建有效的政银企三方合作平台，促进广西支柱产业供应链及产业链建设成熟的金融场景服务模式，推动企业形成大宗商品进口供应链闭环管理，从而为进口商提供无固定资产抵质押的大额贸易融资授信支持。本案例主要创新点有以下三个方面。

（一）产品组合模式创新

本案例中的企业主要从境外购买原材料铜精矿用于铜制产品的生产，整个生产流程较为紧凑，有稳定的下游销售方和销售需求，产品周转率快、库存积压率较低，企业存在大量的流动资金贷款需求，但其交易对手大宗商品资源控制者实力较强，企业在生产链条中处于相对弱势地位。

企业结算主要采取进口信用证产品，这为结构化贸易融资产品创新提供了基础土壤。在面对该类企业的融资需求时，由于该项目为新建设项目，出于风险控制考虑，银行在进行企业资金需求测算和明确担保条件时，必然会对以上情况进行重点考量而难以核定充裕的信用总量，传统贸易融资产品无法在短时间内满足企业客户的大额融资需求。因此，同业在项目建设前期对项目均持观望态度。

解决信用总量问题的关键在于产品组合模式创新。中国银行广西分行根据大宗商品交易的参与主体、贸易背景、生产流程，将普遍型融资模式转化成专业型融资模式，通过聚焦生产具体环节、与企业共同设计风险防范机制、优化交易合同、明确信用环节等方式，解决了信用总量问题。

在具体支持过程中，中国银行广西分行共为企业核定贸易融资额度6亿元，交易对手风险额度0.2亿元，有效解决了企业原材料采购和汇率保值业务需求。在产品组合具体操作上，由企业在进行原材料采购时作为进口信用证开证申请人向中国银行广西分行申请开证，同时由中国银行澳门分行作为议付行向限定的上游供应商进行福费廷融资。该产品将业务结算、贸易融资、境内外联动、大宗商品交易紧密结合，整个链条涉及上游采购境内银行的进口开证、远期锁汇，境外分行的福费廷、大宗商品期货交易等全流程的产品组合，打破了单一产品思维，所有产品基本在同一集团内部完成，提供全流程金融综合服务方案，既提高了效率，同时也有利于获得更多的信息。

（二）风险控制模式创新

在风险控制模式上不再以足额抵质押作为增信主要方式，将风险管控工作的关注点放在大宗商品交易的各环节，努力通过联动供应链上下游，以签订三方协议、应收账款质押、回款监控等方式控制风险。在具体的风险控制手段上，一是限定上下游企业，限定企业供应链上下游必须为指定的企业，实行白名单管理（保障上下游的履约能力，确保融资的自偿性）；二是签订三方协议，金融机构与企业及下游买家签订三方合作协议，形成物流金融合作闭环；三是提前为企业锁定汇率并进行产品期货保值，控制汇率和产品价格波动风险，确保企业经营稳定；四是扩大融资参与主体，通过与中国银行境外分行进行联动，在境外分行办理无须占用境内分行表内限额的贸易融资业务，单笔贸易背景下的融资主体增加也为风险控制提供了更多的监控视角。

（三）业务渠道创新

中国银行不断打通和完善境内外金融机构，运用全球授信机制参与广西进口大宗商品供应链金融授信业务。该产品创新模式充分发挥了中国银行全球化经营的优势，不仅拓宽了融资渠道，还为企业原材料采购提供了保障。中国银行广西分行为境内借款人提供授信支持，同时联动境外分行为借款人境外供应商提供融资服务，降低了企业综合成本。在与境外分行联动的过程中，双方重点开展的联动集中在设计客户大宗商品采购相关的标准化金融服务流程、开展与客户境外交易对手所在银行业务流程的固化、开展双方业务背景真实性的审核和风险控制等工作上。在业务渠道方面，该模式还可以根据各行的报价情况灵活选择同业，特别是在区域全面经济伙伴关系协定签署的大背景下，通过灵活地进行境外服务银行、服务价格的选择，可有力打通境内外两个市场，进一步提升市场活跃度和中国—东盟金融机构参与业务联动的积极性。

三　应用价值

通过该业务创新，银企双方在企业原材料采购需求、大额融资需求、生产规模扩张和商业银行授信风险管控需求、授信资源效益创造需求中取得了有效平衡，切实将金融资源用到了企业发展的刀刃上，为企业可持续、高质量发展创造了条件。企业自有生产资金相对短缺和生产规模亟须扩大以保证良好成本收入比的矛盾及类似问题得到良好解决。具体应用价值有以下几方面。

（一）开创了大宗商品进口供应链金融服务新模式，助力稳外贸

在本案例中，中国银行广西分行围绕区内大型有色金属冶炼企业原材料采购环节的长单贸易合同，深入研究并关注合同及贸易条款的实质性变化、货物特定化给原材料采购和生产带来的有益影响，并利用集团全球化、综合化的服务优势和在贸易金融领域积累的大量经验，为企业量身定制结构化贸易融资方案。通过聚焦大宗商品交易、生产细节，有效解决信用总量规模核定难题和服务效率不高的问题，在多方联动中实现大宗商品融资模式创新的多层次突破。

该模式可拓展应用于类似大宗商品进口企业，包括大豆、铜矿砂、铁矿砂、煤炭、油气等。冶金、粮油、新材料等是广西的支柱性产业。在广西的进出口贸易中，大豆、铜矿砂、铁矿砂、铝土矿、煤炭是进口大宗商品的重要组成部分，分别支撑着区内临港粮油加工、重要有色金属、钢铁生产、电力生产等重要产业发展。该模式可以推动大宗商品经由广西口岸进口，拉动大宗商品进口额。自中国银行广西分行办理该模式业务以来，企业共计带来国际贸易结算量约10亿美元。复制该模式可进一步发挥西部陆海新通道集聚效应，大幅拉动广西大宗商品进口额。这对于稳定自治区支柱性产业生产，稳住外贸基本盘具有重要意义。

（二）有效打通了供应链金融发展的堵点、难点

国际上大宗商品的结算主要以国际信用证为主，对于广西企业而

言，以国际信用证的结算模式直接从境外进口大宗商品也是主要的结算渠道之一。因此，大宗商品进口企业对于银行授信需求较为迫切，企业自有资金一般难以满足从境外采购原材料的周转需求。但从银行获得授信也存在较多堵点、难点，主要原因在于：一是广西大宗商品进口企业中民营企业占比高，整体风险系数相对较高，本案例中的借款人也是民营企业，且为新建企业，此前无铜冶炼生产历史，无历史经营数据及财务数据可参考；二是选址在城市相对偏远地区，固定资产价值有限，可用于给金融机构抵质押的固定资产偏弱并且没有足额的抵质押物，企业自身可抵押资产、可提供的担保方式较少，增信途径不足，较难获得主流金融机构高额的低成本融资；三是有色金属、钢铁等行业是广西的传统重点产业，但也属于限制性行业，主流金融机构普遍存在限额管控。

新冠肺炎疫情发生以来，国际市场大宗商品交易价格波动剧烈。同时，疫情导致全球金融市场波动加剧，处于产业链核心生产加工环节的企业，正常生产经营活动受到干扰，面临较大的信用风险和经营风险。在为区内大宗商品贸易企业服务的过程中，银行积极探索和创新大宗商品进口供应链金融，围绕企业生产活动，在落实企业“单证结算＋贸易融资”的基础上，做好银行风险管控，成为企业获得或者扩大融资的关键，也有助于企业在疫情防控时期有效应对环境变化压力，提升自治区外贸进口对产业发展的支撑能力和水平。

综上所述，要解决大宗商品进口企业融资需求缺口问题，需要从以下方面进行突破：在企业经营情况及抵质押情况不变的条件下，创新银行产品组合和风险管理模式，降低银行授信风险，加大对企业的授信支持。通过控制上下游及资金流等方式，实现贸易融资额度的自偿性，解决企业抵质押不足问题，满足企业流动资金需求。通过境内外联动可局部解决限额问题，并降低企业融资成本。通过该模式，中国银行广西分行给企业核定了大额的无固定资产抵质押的授信额度，极大地缓解了企业的流动资金压力。截至2020年末，中国银行广西分行已经通过该模式为客户提供贸易融资授信支持累计超过20亿元，境外联行为上游企业提供融资金额合计人民币近19亿元，在解决企业融资限额的同时，企业融资成本也有所降低。

作为首家在外部环境日益复杂化的情况下为此类新建民营企业提供融资的金融机构，中国银行给同业起到了很好的示范作用，带动金融机构实现同频共振，共同支持企业不断扩大生产规模，为企业的进一步发展奠定了基础，为当地企业及当地经济发展注入了新的动能。该产品的组合方案及风险控制手段聚焦企业的实质生产经营过程与企业发展，推动银行融资有效突破了供应链金融发展中的堵点、难点、风险点，促使全产业链协同发展，具有重要的应用价值，同时，其也是防止金融资源脱实向虚的良好融资模式。

（三）为银行和企业对大宗商品进口的闭环管理提供了范本

本案例一方面打破了单一产品的叙作思路，从全局的角度考虑一站式满足企业生产全流程融资需求，为企业量身定制全流程的综合服务方案，能够助力银行实现对整个产业链发展情况的深入掌握。而且中国银行开创的这一融资模式已经形成了成熟固化的文本内容、业务流程、工作要点、联动模式，有利于同业进行快速复制。另一方面，该产品也探索出了产品流、信息流和资金流的闭环管理模式，为优化自治区金融环境，构建上下游一体化的金融供给体系和风险评估体系，提供了系统性的金融解决方案。中国银行广西分行为企业提供授信后，其他金融机构也纷纷为企业提供授信，破除了民营企业的发展障碍。提高金融体系服务实体经济的能力，落实政府关于支持供应链稳定循环和优化升级的战略要求，为企业顺利投产提供有力金融支持，保证区内工业支柱产业发展的稳定。该模式可快速响应产业链上企业的结算、融资、财务管理等综合需求，更好地助力实体经济和产业发展，服务西部陆海新通道建设和构建国内国际双循环相互促进的新发展格局。

本文主创团队：中国银行股份有限公司广西壮族自治区分行
执笔人：佘杏芝、吴邦杰

全国首创农业保险保单质押融资助推乡村振兴

中国银行保险监督管理委员会广西监管局（以下简称“广西银保监局”）从解决涉农信贷供需堵点出发，创新探索将农业保险保单质押作为增信方式，在不增加新型农业经营主体和小农户等涉农主体融资成本的前提下，联动更多抵质押融资模式，实现政府、市场、涉农主体等多方共赢，探索出了一条金融服务乡村振兴的新路径。

一　案例简介

（一）背景情况

“三农”工作是全党工作的重中之重，步入新发展阶段，巩固拓展脱贫攻坚成果、全面推进乡村振兴是当前及未来一段时间全党工作的重中之重。“民族要复兴，乡村必振兴”，在“十四五”规划开局之年，广西银保监局靠前谋划，深入贯彻习近平总书记在广西考察调研时的讲话精神，探索进一步兜紧、兜实金融保障网，巩固拓展脱贫攻坚成果，全面推进乡村振兴，提速广西“三农”工作，谋划金融服务壮乡广西篇，形成金融开放门户建设广西特色。

围绕涉农主体生产发展“缺资金”“缺保障”的难题，广西银保监局以供给侧结构性改革为主线，从需求侧出发，深入一线听民意、汇民智，探索银行、保险联动，深入挖掘农业保险保单的融资增信功能，在全国首创农业保险保单质押融资，以借款人持有农业保险保单作为增信方式之一，让更多农业经营主体达到贷款条件，让原本就达到贷款条件的农业经营主体获得更多贷款（见图 1）。解决小、弱、散涉农主体“急难愁盼”的问题，有效盘活“三农”领域规模庞大的可用信贷资源，以更大力度推动乡村振兴，服务金融开放门户建设，奋力创造无愧于八桂大地、无愧于壮乡人民的金融服务新业绩。

中国银行保险监督管理委员会
广西监管局办公室文件

桂银保监办发〔2020〕179 号

广西银保监局办公室关于印发广西农业保险
保单质押融资业务试点方案的通知

图 1　中国银行保险监督管理委员会广西监管局办公室文件

（二）主要做法

1. 监管明确质押范围、试点机构、合规底线

一是立足有效控制成本和风险，选取政策性农业保险险种开展融资质押试点。一方面，不推高综合融资成本。现有政策性农业保险财政补贴普惠度高，中央补贴型险种中，种植业、养殖业补贴比例为 80%，森林补贴比例为 100%，自治区、市县级险种的补贴比例也分别达到 60%、45%。在有财政资金补贴保费的前提下，选取政策性农业保险险种开展融资质押试点，不会额外增加农业经营主体的贷款负担。另一方

面，不增加信贷操作风险。政策性农业保险由县级统筹，每个乡镇原则上由一家保险机构承保，财政补贴、承保理赔、防灾减损都有严格的操作规程，从机制上避免了一物多单多押、一单多押和虚假保单等风险。由此确定本次试点的质押险种范围为水稻、水稻制种、糖料蔗、马铃薯、玉米、花生、油菜、能繁母猪、育肥猪、奶牛、肉牛、公益林、商品林（含油茶、核桃等）等中央财政补贴政策性农业保险险种；收入保险、价格指数保险、完全成本保险等创新型政策性农业保险险种；农村集体经济组织、农民专业合作社、家庭农场等新型农业经营主体和涉农小微企业依托农业订单、收购合同开展生产，有较为确定的预期收入，所配套的政策性农业保险保单；其他如水果、林木种苗、烟叶、肉羊、肉鸡、桑蚕、牡蛎风力指数、对虾、珍珠贝风力指数等自治区财政补贴和市县地方特色政策性农业保险险种。

二是立足市场主体职能定位，选取部分银行、保险机构首批试点。一方面，试点银行机构选取农行、邮储、农合机构，督促其坚守服务“三农”定位。农行、邮储都有“三农”金融事业部，发挥国有大型银行优势下沉金融服务是其本职要求，在试点中可以起到头雁作用。农合机构是县域地区重要的法人银行机构，是支农支小主力军，可以满足多层次、广覆盖、有差异的农村金融需求。另一方面，试点保险机构选取有农业保险承办资质的北部湾财险、人保财险、太平洋财险、国寿财险，确保农业保险承办稳妥衔接。政策性农业保险承办资质实行名单制管理，标准比普通保险业务更高，这四家保险机构近年来已有开办经验和存量业务，在现有基础上增加保单质押环节现实可行。随着“保险＋期货”等创新型险种开办，应进一步探索拓宽试点银行、保险机构范围。

三是立足市场合规风险，明确当事三方责任。要求借款人、投保人和出质人必须为同一企业法人或自然人，借款人通过保单质押融资获得资金必须用于农业生产经营，不得将资金转借套利，且应按照最大诚信原则审慎管理被质押农业保险保单的承保标的，提高经营管理水平，确保以生产经营收益作为第一还款来源；不得利用保单质押套取保费补贴；保险期限届满而融资期限尚未届满时，借款人有义务将剩余期限对应的新签保单质押给银行机构，确保质押担保的连续性和有效性。银行机构应按照审慎经营规则和监管要求，做好贷款“三查”，监督借款人将信贷资金用于生产经营；严格执行“七不准四公开”“两禁两限”等监管规定，不得借贷搭售；已用于质押融资的农业保险保单，不得再转质押；不能接受第三方提供的农业保险保单作为质押担保。保险机构配合贷款银行机构核验农业保险保单真实性，在承保管理系统中做好质押登记，严防同一保单多次质押；积极发挥防灾减损管理优势，配合做好承保标的风险管控，防范各类保险欺诈，高效处理已质押农业保险保单的查勘理赔事宜。

2. 市场自由探索资源配置、创新路径

一是在资源配置上不做“一刀切”。明确农业保险保单增信是必要不充分条件，银行机构可以结合借款人资质、是否有其他增信措施、产业发展前景等综合评估借款人是否达到授信条件，从供给端缓解涉农信贷风险较大不敢贷等压力，从需求端解决涉农主体贷款难等难题。不对贷款利率、质押率、贷款期限等要素做统一规定，鼓励银行机构结合自身风控要求和业务发展定位开展差异化、特色化经营，并在授信风险模型和内部资源配置上有所体现。

二是在创新空间上给予自主权。以政策性农业保险保单为基础和必要条件，鼓励银行保险机构结合市场需求丰富农业保险保单质押内涵，在传统保单保障养殖、种植等物化成本的基础上，创新收入保险、价格指数保险、完全成本保险，提高保单质押融资能力。同时鼓励拓展农业保险保单质押外延，探索“政策性农业保险＋贷款保证保险”“政策性农业保险＋农担”“政策性农业保险＋商业性农业保险”，形成“农业保险保单质押＋”，推动试点不断扩面。广西区域发展不平衡，地区金融需求不一，因此应当在广西全区同步进行试点，鼓励各市县根据当地农业产业发展特点和市场需求，探索让市场在资源配置中发挥决定性作用的方法和路径，更好满足不同市县涉农主体多样化、多层次的金融需求。

3. 搭机制、强推动实现试点落地

一是搭建银行、保险合作对接机制。以县域为单位，指导参加试点的银行机构和保险机构建立农业保险保单质押融资工作对接机制，加强银保信息共享和协作会商，做好农业保险保单出质情况函询、登记、管理、出险通知。银行机构、保险机构与借款人签订三方协议，明确保险赔款账户管理要求和划扣规则，平等保护各方合法权益。银行机构完善业务办理流程，合理简化不必要的增信环节，压缩办理时间，提高办贷效率；保险机构积极探索推广收入保险等具备“类现金价值”特征的创新型险种，加大对市场风险的保障力度，建立农业保险保单质押融资理赔绿色通道，改善客户服务体验。银行、保险协同加强基层机构人员业务培训，做好政策宣传，引导广大群众用足用好政策。

二是建立专项统计制度。广西银保监局从突出监管导向、尊重市场规律、坚守合规底线的角度出发，在广泛调研征求各方意见的基础上，制定了《广西农业保险保单质押融资业务试点方案》，明确了农业保险保单质押融资的定义和逻辑内涵。农业保险保单质押融资指借款人在为开展生产经营活动申请贷款时，将其合法拥有的农业保险保单及所载权利质押给银行机构，为所申办贷款增信分险。其逻辑内涵有：当借款人因出现保单约定的保险事故而不能履行到期债务时，银行机构按约定优先以借款人质押的农业保险保单赔偿金保障其债权实现；当保险事故未出现时，借款人以正常生产经营所得偿还贷款。此外，广西银保监局还组织召开农业保险保单质押融资试点工作部署电视电话会议，提出创新、合作、合规的工作要求，会上有 7 家试点银行、保险机构表态发言，给出工作思路和实施举措，推进试点工作落地（见图 2）。同时建立专项统计制度，及时掌握农业保险保单质押融资试点工作开展情况，分析存在问题，总结工作经验，扩大试点成效。

图2　广西银保监局农业保险保单质押融资试点工作部署电视电话会议

（三）取得成效

试点实现多地多点开花。试点在广西全区同步开展，2020年10月实现试点方案印发，并建立了专项统计制度。同时实现贷款首单落地，采用“农户+企业+保险+银行”模式，由生猪养殖企业向农户提供猪苗和技术并保价回购，农户领养猪苗并在养成后回售企业，保险机构向农户提供生猪保险保障，银行采用保单质押方式向农户发放贷款用于生猪养殖，发放贷款金额12万元，保单质押率50%，贷款期限8个月，与生猪出栏周期相匹配。

农业保险保单质押融资业务已在桂林、崇左、防城港、河池等重点地市多点开花。保单险种既涵盖生猪、肉牛、羊等传统农业保险险种，也涵盖糖料蔗价格指数等创新型价格、收入保险险种。此外，在丰富保单质押内涵的基础上，也将外延拓展至“政策性农业保险＋贷款保证保险”。在多地先行先试的基础上，统筹全区，逐步实现连点成线、连线成片、扩片成面，增加全区涉农有效投资。试点10个月来，农业保险保单质押融资已在广西多地累计发放“农业保险保单质押＋”贷款64笔9510万元。

二　创新点

一是有效打通涉农主体信贷“堵点”。在供给端，银行机构反映涉农信贷风险较大不敢贷，在需求端，涉农主体特别是小农户反映抵押物不足贷款较难。围绕这个供需“堵点”“痛点”，广西银保监局通过盘活农业保险保单风险保障这个潜在担保点，在不推高涉农主体综合融资成本、不额外增加涉农主体经济负担的前提下，一定程度上满足了农户散户、小农户、新型农业经营主体的信贷需求，探索出增加涉农有效投资，巩固拓展脱贫攻坚成果，接续推进乡村振兴战略的金融新路径。

二是盘活广西潜在经济增长点。广西农林资源禀赋得天独厚，食糖产量占全国总产量的6成左右，森林覆盖率高达60%，是油茶林重点产区，生猪出栏量居全国前列，螺蛳粉、砂糖橘、月柿等产业也逐步形成新的经济增长点。在农业保险覆盖率逐年攀升的情况下，监管部门积极向总会申请创新支持，指导辖内涉农银行机构向总行申请特别授权在广西先行先试，以农业产业为切入点，在70多种农业保险险种的基础上探索开展业务创新，通过“银行＋保险”服务涉农主体，培育广西新的农林产业经济增长点。

三是在监管引导下充分释放金融市场活力。突出监管导向，在多方调研座谈的情况下确定部分试点机构，并尊重市场规律，不对贷款要素做统一规定，由银行机构结合自身风控要求和业务发展定位开展差异化、特色化经营，实现广西多地多点开花，试点险种不断取得新突破，银行信贷支持和保险保障功能不断充实、扩大，形成试点机构率先推进、全辖银行保险机构跃跃欲试的主动工作格局，充分调动市场积极性。

四是放大财政资金保障兜底作用。财政资金每年为农户出资购买政策性农业保险，保障农户生猪、肉牛、肉鸡、甘蔗等农林作物最低收益。农业保险保单质押融资以财政资金购买的政策性农业保险为切入点，发掘其保单背后的经济价值，在实现基本保障的基础上，力争取得财政资金经济价值的最大化，实现财政、市场、涉农主体的多方共赢。

三　应用价值

一是为全国同步推进农业保险保单质押融资积累广西经验。农业保险保单质押融资既不增加涉农主体综合融资成本，也放大了财政资金效能，同时进一步扩大了保险和银行市场供给，亦盘活了乡村振兴可用的信贷资源。广西在全国率先推进，为全国同步推进积累经验做法，银保监会评价其“具有一定典型意义，相关经验值得借鉴”。

二是找到政府、市场、涉农主体平衡可持续发展的“最大公约数”。农业保险保单质押融资是“十四五”开局之年乡村振兴工作的一套组合拳，一方面放大了财政资金购买农业保险的社会和经济效能，以地方特色农业产业新的经济增长为契机，扩大了农业农村有效投资，培养了一批优质涉农企业，助力产业兴旺。另一方面也为银行保险机构实现市场下沉，拓宽市场业务提供了新的切入点，形成新的蓝海市场。同时，从保险端和银行端上为涉农主体提供了更优质的金融服务，有助于构建起稳定脱贫的长效机制，实现农民生活富裕富足。

三是形式灵活，地方自主创新空间大。监管部门深化“放管服”

改革，赋予市场和地方较大的自主创新权限，规范性约束较少。各地可以结合已有的工作成效、地方特色农林产业经济增长点提出保险产品需求，地方保险机构量身定制特色农业保险产品，银行机构跟进开展质押业务，形成各地亮点突出、工作各有千秋的乡村振兴广西篇。

本文主创团队：中国银行保险监督管理委员会广西监管局

执笔人：李婉玉

全国首单战疫公司债支持实体经济

“疫情防控债”通常被认为是募集资金全部或部分用于疫情防控有关方面的债券，2020 年 2 月，面对突如其来的新冠肺炎疫情，广西建工集团有限责任公司（以下简称“广西建工”）和国海证券股份有限公司（以下简称“国海证券”）率先提出并且成功发行了“广西建工集团有限责任公司 2020 年非公开发行战疫专项公司债券”，成为全国交易所首单战疫专项公司债券，募集资金优先用于广西建工在抢建“广西小汤山”等多个应急医院项目过程中的流动性资金需求，在中国开创了利用发行公司债券募集资金用于疫情防控之先河。案例利用“绿色通道”政策，仅用一个工作日便完成了发行前的准备工作，也创下了广西建工同期限同方式融资利率新低。本案例为创新融资方式有效支持广西疫情防控和企业生产发展之标杆，示范推广应用效应强，为后续企业创新债券融资提供有力借鉴。

一　案例简介

2020 年 2 月，在新冠肺炎疫情突袭而至并迅速蔓延的背景下，广西建工和国海证券率先提出并且成功发行了“广西建工集团有限责任公司 2020 年非公开发行战疫专项公司债券”，该项目系全国交易所首单战疫专项公司债券，募集资金优先用于补充广西建工在广西地区疫情防控后备应急医院建设、口罩等防疫物资厂房建设等过程中的流动性资金需求，及时、足额满足了广西建工在抢建医院过程中项目建设的资金需求，应急医院得以如期按质交付。

（一）背景情况

1.“疫情防控债”产品概述

“疫情防控债”通常被认为是募集资金全部或部分用于疫情防控有关方面的，在债券名称中添加“疫情防控”标识的债券，其作为特殊时期发行的债券，体现了鲜明的公共社会责任导向。早在2017年，在西非埃博拉病毒快速蔓延的背景下，世界银行就为使用金融手段帮助受疫情困扰的国家，于当年7月尝试发行了两期疫情防控债。2020年之前中国境内尚未有可供参考的“疫情防控债”发行案例。

2.“疫情防控”项目建设背景及面临的问题

为应对突袭而至的疫情，广西壮族自治区党委、政府决定将新冠肺炎定点治疗医院——广西壮族自治区人民医院邕武医院扩建工程（俗称“广西小汤山”）等10个地市应急医院工程项目以及2个防疫设施设备应急项目全部交由广西建工建设。此后，广西建工还在东兴、靖西、凭祥3个口岸承接了预防境外疫情输入的边境公共卫生应急救治中心工程项目。

其中“广西小汤山”等多个应急医院抢建项目受到党委、政府高度重视，领导多次到访现场检查进度。时值春节假期，施工作业同时面临工期紧、任务重、劳工和物资紧缺、资金需求急且大等诸多难题，企业急需筹措资金保障上述多个项目高质高量按期交付使用，确保及时收治全区新冠肺炎危重症患者。

3.“疫情防控债”发行过程中面临的困难和问题

一是时间紧迫，自治区党委、政府要求以最快的速度抢建医院收治病人，项目资金筹措刻不容缓，同时监管部门希望尽快发出首笔战疫公司债，塑造典型，然而一般债券发行流程至少需要一个月；二是沟通困难，因疫情防控需要，团队人员散居各地隔离办公，本就复杂的方案交流及材料传递面临更大挑战；三是资方难觅，多数金融机构因疫情未正常上班，联系债券投资者的难度异乎寻常。

4. 政策法规背景

新冠肺炎疫情发生后，中国相关部门迅速行动，陆续出台了一系列疫情防控政策措施，助力打赢疫情防控阻击战。2020 年 1 月 31 日，中国人民银行、证监会等 5 部委联合印发《关于进一步强化金融支持防控新型冠状病毒感染肺炎疫情的通知》（银发〔2020〕29 号），出台 30 条措施强化金融对疫情防控的支持。随后深圳证券交易所（以下简称“深交所”）等各相关机构陆续发布政策，建立发行审核绿色通道，优化工作流程。

（二）主要做法

1. 及时了解企业融资需求，准确梳理项目资金用途

广西建工根据项目施工计划，梳理项目资金需求，经与深交所和国海证券积极深入沟通，再结合自身在疫情防控后备应急医院建设、口罩等防疫物资厂房建设等过程中有大量流动性资金需求的特点，创新性地提出资金用途的主要方向为疫情防控后备应急医院、口罩等防疫物资厂房建设，剩余部分用于疫情防控时期公司有息债务偿还的方案。

2. 时刻关注金融政策，与债券审核机构保持良好沟通

国海证券时刻对监管政策、市场动态、客户需求保持敏锐的嗅觉，在中国人民银行、证监会等机构发布强化金融对疫情防控的支持的相关政策后，第一时间与深交所联系，提出发行战疫债券的诉求，并得到深交所的认可。经梳理长期以来积累的客户及其需求，国海证券了解到广西建工在疫情防控后备应急医院建设、口罩等防疫物资厂房建设等过程中有资金需求，迅速将发行战疫债的相关工作流程与广西建工沟通，联合广西建工、深交所组织相关工作，合理利用深交所“即报即审、专人专批”的绿色通道政策，实现融资

迅速落地。

3. 第一时间系统对接投资者，落实债券资金保障

除落实好战疫债可在交易所顺利备案的工作以外，落实投资者也十分迫切。国海证券与广西建工迅速分工，第一时间对接区内外多家投资机构，积极调动内外部资源，及时沟通协调投资机构提出的问题，将问题迅速解决，充分传递本期战疫专项公司债的投资价值及政治影响，最终得到投资者的大力支持，为本次债券成功发行提供了资金保障。

（三）取得成效

1. 高效完成债券发行，融资利率创新低

在深交所的全程指导和政策支持下，本只债券于 2020 年 2 月 7 日完成簿记发行，发行规模 5 亿元，期限 3 年，发行利率 4.4%，系全国首单在交易所发行的战疫专项公司债。本只债券相较广西建工同时期同期限同品种债券（20 桂建 01）的融资成本下降 50BP，创下企业相同形式融资成本新低（见表 1）。

本次创新发行债券使企业能更快获得低成本资金，在疫情防控时期得到融资实惠，对自治区整体防疫和减轻企业资金流动性压力形成有力支撑。从长期看，对企业乃至整个广西应对经济下行压力，尽快恢复生产活力亦有重要意义。

表 1　广西建工 2016～2021 年非公开发行 3 年期公司债券情况

债券名称	债券简称	发行总额（亿元）	发行利率（%）	起息日	兑付日
广西建工集团有限责任公司 2016 年非公开发行公司债券(第二期)	16 桂建 02	7.00	4.95	2016－8－12	2019－8－12

续表

债券名称	债券简称	发行总额（亿元）	发行利率（%）	起息日	兑付日
广西建工集团有限责任公司2020年非公开发行公司债券(第一期)	20桂建01	10.00	4.90	2020-1-20	2023-1-20
广西建工集团有限责任公司2020年非公开发行战疫专项公司债券	20桂建02	5.00	4.40	2020-2-10	2023-2-10
广西建工集团有限责任公司2021年非公开发行公司债券(第一期)	21桂建01	10.00	5.20	2021-3-31	2024-3-31

2. 切实保障应急医院项目高质高量按期完成抢建任务

在战疫专项公司债的支持下，项目建设资金及时、足额筹集到位，广西建工得以按最快的速度高效完成建设包括“广西小汤山”在内的10个地市应急医院工程项目、2个防疫设备应急项目以及3个边境公共卫生应急救治中心项目，其中仅用10天时间就高标准高质量完成“广西小汤山”主体建设并交付（工程全貌见图1）。在2020年3月10日召开的国务院联防联控机制新闻发布会上，新闻发言人点名表扬了广西建工。

3. 获业界广泛好评，企业形象得到提升

本次债券成功发行后，《中国证券报》《证券时报》《上海证券报》等多家媒体相继报道，在直接融资创新领域引起了积极反响。深圳证券交易所分别授予广西建工和国海证券“2020年度优秀战疫固定收益产品发行人”和“2020年度优秀疫情防控固定收益业务承销机构”荣誉称号，也同时授予了广西建工、国海证券4位主创团队成员战疫债优秀个人奖。相关奖杯和荣誉证书如图2所示。

图 1　“广西小汤山”全貌

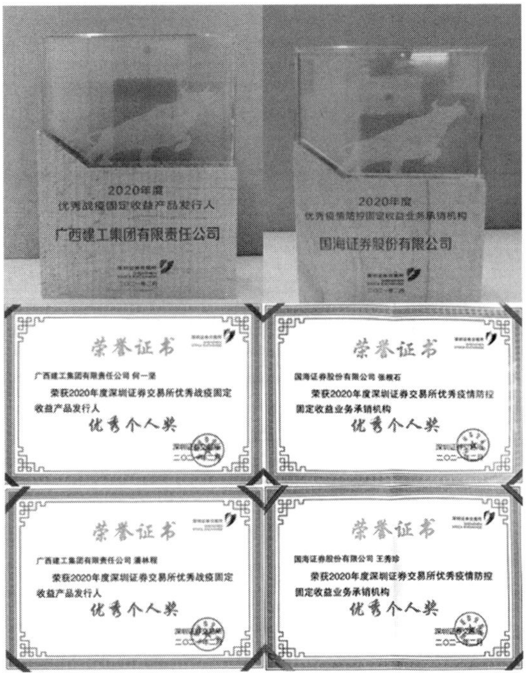

图 2　深交所授予广西建工、国海证券奖杯及荣誉证书

二　创新点

（一）创新引入“战疫公司债”概念，为疫情防控做贡献

2020 年新冠肺炎疫情发生后，建设、改造疫情防控后备应急医院与医用口罩生产车间成为事关国计民生的首要工程，作为施工方的广西建工面临时间紧、任务重、资金需求大等诸多难题。经与深交所和主承销商国海证券多次讨论，广西建工创新提出发行战疫专项公司债券融资的需求，募集资本市场资金，共同投入疫情防控。

本案例对债券募集资金用途做出创新，灵活约定了募集资金除部分用于疫情防控相关活动外，还可补充发行人流动资金和偿还有息债务，即资金扣除发行费用后优先用于补充流动资金（用于补充广西建工在广西地区疫情防控后备应急医院建设、口罩等防疫物资厂房建设、集团向疫区捐款等过程中的流动性资金需求），剩余部分用于疫情防控时期公司有息债务偿还。

在本次战疫专项公司债发行过程中，广西建工和国海证券充分发挥自身金融动能，积极紧密与监管机构、金融机构保持沟通并相互配合，以创新的思维解决当下现实的问题，使这一资本市场支持疫情防控的金融创新产品在短时间内得以落地。

（二）充分利用“绿色通道”支持，刷新融资效率纪录

为全力做好新冠肺炎疫情防控工作，确保债券市场业务平稳有序开展，2020 年 1 月 31 日，中国人民银行、证监会等 5 部委共同发布通知，强调提高债券发行等服务效率，明确提出建立绿色通道。仅在通知发布的 3 日后，广西建工、国海证券便迅速启动债券融资计划，并与深交所积极联系确认方案，通过加急处理各自流程，充分利用深交所新制定的

“即报即审、专人专批”绿色通道政策，仅用1个工作日便完成全部发行准备工作，刷新企业融资效率纪录，堪称一次在短时间内高效、高质量完成的债券发行工作典范。

（三）成功落地“全国首单”战役专项公司债，树立金融创新标杆

广西建工成功簿记发行全国交易所首单战疫专项公司债，在中国开创了利用发行公司债券募集资金用于疫情防控之先河。同时也是证监会及时调整相关政策，深交所充分利用线上办理业务建立债券发行“绿色通道”后的首次实践尝试。为后续开展债券加急发行业务时使用“即报即审、专人专批”的机制提供了案例参考，也为后续企业如何利用债券募集资金用于疫情防控提供了实操经验。

三　应用价值

（一）为广西疫情防控工作做出重要贡献

2020年新冠肺炎疫情发生后，自治区人民政府安排广西建工负责建设包括“广西小汤山”在内的10个地市应急医院工程项目、2个防疫设施设备应急项目以及3个边境公共卫生应急救治中心，施工工期紧张，材料、设备、人工筹措困难，资金需求量大。本只债券的落地为广西建工抢建上述医院或工厂提供了有力的流动资金保障，所有项目均高质量按期交付，在疫情防控关键时期提振了广西人民抗击新冠肺炎疫情的信心，为全区疫情防控做出不可磨灭的贡献。

其中，“广西小汤山”（临时负压病房）自交付使用到2020年3月17日最后一名患者出院，先后有279名医务工作人员入驻，累计收治全区各地108人，其中新冠肺炎确诊患者81人，创造了广西治愈人数最多、零死亡、医务人员零感染的佳绩。

（二）进一步提升广西企业在全国资本市场的形象

本次全国交易所首单战疫专项公司债由广西发行人和广西主承销商合作取得。“全国首单”的宣传效应在资本市场反响热烈，向全国金融业界传递了广西企业抢占先机的意识、干事创业的能力和创新融资的能动性，有利于提升广西企业在全国资本市场的形象和影响力，同时也在全国树立了广西人民争勇创先抗击疫情的标杆形象。

（三）业务模式快速复制至全国，示范推广应用效应强

广西建工战疫专项公司债券系交易所市场首只完成发行簿记的战疫专项债，既做到了理论创新，成为全国疫情防控融资案例标杆，为后续项目提供借鉴，自该项目起，交易所设立专门的“绿色通道”，专人专审，一大批防疫专项债陆续落地；又能快速应用于实践，融入资金能迅速投入疫情防控建设项目一线生产，解决企业实际困难，具有可操作性。

截至 2021 年 3 月末，全国各行业企业陆续发行疫情防控专项债超 170 只，发行规模达 1700 亿元，募集资金投向疫情防控领域，为有效抗击疫情做出突出贡献。截至 2020 年 2 月，部分已发行疫情防控债情况见表 2。

表 2　截至 2020 年 2 月部分已发行疫情防控债情况

债券名称	债券简称	发行总额（亿元）	发行利率（%）	起息日	兑付日
广西建工集团有限责任公司 2020 年非公开发行战疫专项公司债券	20 桂建 02	5.00	4.40	2020－02－10	2023－02－10
广东东阳光科技控股股份有限公司公开发行 2020 年公司债券（第一期）（疫情防控债）（面向合格投资者）	20 东科 01	2.00	5.98	2020－02－11	2022－02－11

续表

债券名称	债券简称	发行总额（亿元）	发行利率（%）	起息日	兑付日
平安国际融资租赁有限公司2020年非公开发行短期公司债券(疫情防控债)	20安租D1	5.00	3.10	2020－02－14	2021－02－14
国药控股(中国)融资租赁有限公司2020年非公开发行公司债券(第二期)(疫情防控债)	20药租02	6.00	4.16	2020－02－14	2023－02－14
南京农副产品物流配送中心有限公司2020年非公开发行公司债券(第一期)(疫情防控债)	20农副01	3.00	4.70	2020－02－17	2025－02－17
湖北省文化旅游投资集团有限公司2020年非公开发行公司债券(第一期)(疫情防控债)	20鄂旅01	3.00	4.50	2020－02－17	2025－02－17
……					

资料来源：Wind资讯。

此外，本只债券的成功落地也间接丰富了证券交易所的债券品种，促进了债券市场制度的持续完善，侧面助力了公司债注册制改革。

本文主创团队：广西建工集团有限责任公司

国海证券股份有限公司

执笔人：何一坚、潘林程

全国首单面向农户的集合型土地承包费 ABS

全国首单面向农户的集合型土地承包费资产支持专项计划（ABS）是广西农垦集团有限责任公司（以下简称“广西农垦”或“集团”）按照中央和自治区党委、政府的决策部署，全力推进新一轮农垦改革，积极参与建设面向东盟的金融开放门户制度创新，探索出的划拨农业用地资产化、资本化、证券化的成功路径。作为国内率先以个体农户或其他第三方流转土地使用经营权所收取的土地承包费作为基础资产的证券化产品，其创新之处在于在不改变土地权属、不改变土地用途、不改变经营模式的前提下，将土地未来产生的收益在资本市场上进行相应的处置后提前变现，释放了国有土地的价值，让资本的“活水”顺利“流入”实体经济，将农垦的资源优势转换为产业发展的资本优势。

一　案例简介

2020 年 10 月 21 日，广西农垦在上海证券交易所成功发行“国开 - 广西农垦土地承包费资产支持专项计划”（以下简称“专项计划”），标志着由广西农垦集团有限责任公司作为原始权益人的全国首单面向农户的集合型土地承包费资产支持专项计划正式落地。该专项计划发行规模 10.5 亿元，期限 10 年，其中优先级资产支持证券 10 亿元，票面利率 5.1%。

（一）背景情况

广西农垦成立70多年来，特别是2006年深化农垦管理体制改革以来，农垦现代农业板块快速发展，综合实力大幅提升，形成了组织化程度高、规模化特征突出、产业体系健全的独特优势，示范带动能力不断增强，集团加快推进农业产业辐射东盟的需求越发迫切。

土地是支持发展的关键元素。作为自治区最大的国有农业企业集群，广西农垦如果仅靠农业种植和农产品的初级加工来实现企业快速发展，成效并不明显。而利用流动性很差的存量资产——土地资产实现企业收益，进行分红，也并不容易。如何使增值效益很慢的土地资源发挥能量和潜质呢？就是要让大量不能流动的土地资产进入资本市场，使其“流动”起来。

中央和自治区政府一直高度重视垦区土地资产化、资本化工作。中共中央、国务院发布的《关于进一步推进农垦改革发展的意见》，以及自治区政府出台的《关于进一步推进广西农垦改革发展的实施意见》和《广西农垦国有土地资源资产化资本化实施方案》都明确指出，要推进农垦土地资源资产化和资本化，创新农垦土地资产配置方式，以此促进土地资源利用价值最大化，不断增强广西农垦集团内生动力、发展活力和综合实力，把广西农垦打造成特色农业发展、乡村振兴、辐射东盟的产业龙头企业和一二三产业融合发展的国有大型现代农业企业集团。

作为创新建设面向东盟的金融开放门户的重要任务之一，广西农垦土地资产化、资本化承载着党中央、国务院以及自治区政府的殷切期盼。广西农垦会同证券公司，共同组成土地资源资本化、证券化课题组，通过考察调研，并经相关部门专家学者论证，于2019年9月形成了《广西农垦土地资源资本化证券化工作方案》，在确定适合证券化试点的土地清单的基础上，积极推进证券化产品的设计工作，并于2020

年10月成功发行全国首单面向农户的集合型土地承包费资产支持专项计划。

（二）专项计划运作模式

专项计划的基本原理是广西农垦将其下属26家国有农场通过发包或其他法律法规、规范性文件允许的方式向个体农户或其他第三方流转土地使用经营权，并以所收取的土地承包费作为基础资产，通过设立资产支持专项计划，将基础资产转让给专项计划后向市场发行资产支持证券实现融资（见图1）。

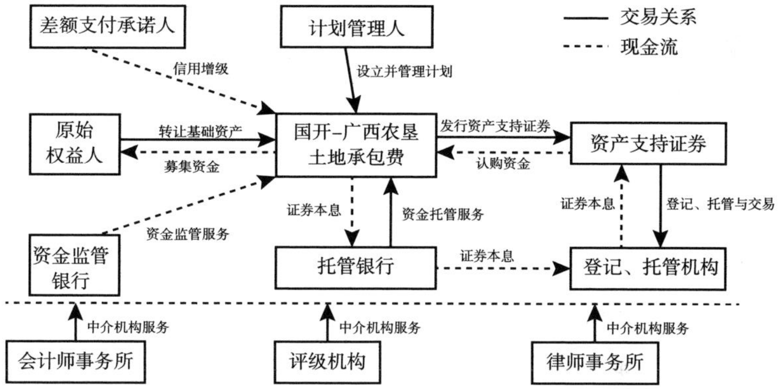

图1　国开－广西农垦土地承包费资产支持专项计划运作模式

1. 产品结构

专项计划在总体结构上属于单SPV类资产支持专项计划，其与其他类资产支持专项计划的区别主要在于基础资产的独特性和复杂性。由于国有农用地的特殊性，土地本身作为底层资产无法成为标的进行证券化并上市交易。根据《广西壮族自治区人民政府关于组建广西农垦集团有限责任公司的通知》和《广西农垦国有土地经营管理办法（试行）》等文件规定，自治区政府将农垦国有土地这一特殊形态国有资产授权广西农垦经营管理。由于广西农垦国有土地资源分布较广，大部分国有农用地资源由集团授权其管辖的26家国有农场作为发包方将土地交由农场管辖职工或企业承包并开展生产经营活动，租金收入相对稳定且具有可持续性。因此，广西农垦的基础资产是通过对土地资源进行经验管理所形成的收费收益权。

2. 基础资产

广西农垦授权其管辖的26家国有农场作为发包方将土地交由农场管辖职工或企业承包并开展生产经营活动形成的收费收益权可作为基础资产开展证券化创新。

3. 交易结构

（1）作为基础资产的直接所有人，26家国有农场通过与个人或企业租户签订土地承包/租赁合同将收费收益权合法化。

（2）国有农场作为独立企业与广西农垦签订基础资产转让协议，将基础资产转让予广西农垦，广西农垦成为唯一的原始权益人，从而解决基础资产权属分散的问题。

（3）广西农垦与国开证券股份有限公司（以下简称“国开证券”）签订基础资产买卖协议，同意将基础资产转让给国开证券。

（4）国开证券以基础资产设立资产支持专项计划，并作为计划管理人向市场投资者发行资产支持证券。

（5）市场投资者认购资产支持证券并享有基础资产收益，同时向专项计划支付认购资金，认购资金通过专项计划流向广西农垦，用于集团经营发展。

二　创新点

作为国内率先以个体农户或其他第三方流转土地使用经营权所收取的土地承包费作为基础资产的证券化产品，其创新之处在于利用国有土地权限，在资本市场上进行相应的处置，在不改变土地权属、不改变土地用途、不改变经营模式的前提下，将农垦的资源优势转换为产业发展的资本优势。

（一）实现国有农用划拨用地证券化，创新融资方式

根据自治区政府《关于进一步推进广西农垦改革发展的实施意见》和《广西农垦国有土地资源资产化资本化实施方案》的指示精神，广西农垦于2018年完成土地确权工作，建立集团抓管理、农场抓经营的“总+分”土地经营模式。2019年对下属26家农场子公司体量庞大却较为分散的土地资源（47万亩18614户承包主体）进行集中且深度的梳理，通过资产证券化的技术手段，将广西农垦未来一定年限的土地收益提前兑现，在保障国有农用地权属合法和生产稳定的基础上实现资产的盘活，解决国有资产无法融资、资产价值动能无法充分释放的难题，将分散的资源集中起来，实现资源利用价值最大化。在实现融资创新的同时农垦国有资产管理和配置方式也得到了创新。

（二）拓宽融资渠道，创新“债贷联动”解决项目建设资金需求

一直以来，广西农垦都承担着振兴发展广西农业的历史使命。为进一步提升广西农垦辐射东盟区域的能力，拓宽上下游市场，集团深度布局印度尼西亚、越南等海外市场，产业项目建设资金需求明显。产业项目往往都会包含部分商业性建设内容，传统银行信贷融资无法对该部分建设提供支持，非商业性部分又因收益率不足而无法达到偿债收益覆盖要求，从而无法获得充足的中长期低成本资金，这样的问题在项目达到一定规模时尤为明显。专项计划不同于其他债务工具融资，通过转让收费权益所筹集的资金用途灵活，可广泛用于公司合理的生产、建设、经营活动，通过创新“债贷联动”，将资产证券化资金用于银行借款无法支持的境内外项目建设，

同时以该部分项目形成的充裕收益作为银行借款的偿债现金流补充，满足银行中长期借款偿债覆盖率要求，提高银行中长期借款的可行性，实现资产证券化融资与银行借款融资相结合，从而解决广西农垦产业发展建设的资金需求问题。

（三）创新评级和定价模式

通过将最优质的资产资源整理打包，结合农用地经营的长期性、稳定性优势，专项计划在“现金流超额覆盖＋结构化分层＋差额补足”增信机制的基础上获得 AAA 评级，这是广西农垦首只 AAA 级直接融资产品，有效提升了集团在资本市场的影响力，为集团在未来获得主体增级奠定坚实基础。同时，通过债项评级提升，专项计划票面利率达到5.1%，低于广西农垦其他同期限直接融资产品 0.81 个百分点，每 3 年可节省融资成本约 2400 万元。

三　应用价值

专项计划募资消息一经公布，便获得了各大主流投资银行的高度认可和踊跃认购，成功展示了广西农垦的品牌价值和市场潜力。该专项计划对在全区乃至全国范围内基础设施、农用地及林地、商业物业、能源管网、应收应付账款等领域实施证券化具有重要的借鉴意义。

（一）盘活存量资源，释放国有资产核心价值

专项计划将国有土地未来价值提前变现，充分释放土地资源价值；将土地资产证券化获得的资金投入农业生产活动，助力乡村产业振兴，达到了用时间换空间的发展效果。

该模式对所有国有企业在确保国有资产安全的前提下盘活资产效能具有广泛适用性。作为面向东盟的金融开放门户，自治区和地方国企平

台在项目建设和产业发展等方面背负着重要使命。这些平台往往掌握着经营效益可观且稳定的优质资产，涵盖公路、铁路、港口仓储物流、园区基础设施、农用地及林地、商业物业、能源管网、应收应付账款等领域。由于特殊的国有属性，这些资产往往因为权属或价值的问题无法通过贷款、融资租赁等传统方式实现金融资源的撬动。通过资产证券化，企业将资产的收益权而非所有权或经营权进行让渡，规避了国有资产转让的复杂性和不确定性，国有资产对优质金融资源的引导动能得到充分释放。同时，资产证券化融资资金用途灵活，可高效支持境内外重大项目建设和跨境业务发展，成为跨境投融资增量的重要来源。

（二）提升国有企业、国有资产的市场影响力

不同于银行贷款或公司债券等信用融资工具，资产证券化融资具有资产增级的特殊属性。以广西农垦此次融资创新为例，通过将优质却分散的资产整体打包，结合农用地经营的长期性、稳定性优势，专项计划在“现金流超额覆盖 + 结构化分层 + 差额补足”增信机制的基础上获得 AAA 评级，这是广西农垦首只 AAA 级直接融资产品，有效提升了集团在资本市场的影响力，为集团在 2021 年获得主体增级奠定基础。

通过证券化上市的方式，投资者从资产的维度深度掌握优质企业的画像，企业的市场影响力得到提升，这也将有利于东盟跨境金融市场信用体系的建设和自治区招商引资工作的推进。同时，由于债项评级提升，证券发行价格将低于其他信用类直接融资产品，有效降低企业融资成本。

（三）优化企业负债结构

2020 年以来，受全球新冠肺炎疫情和国内信用债违约频发等多重因素影响，资本市场波动幅度较大，企业融资成本管控难度陡增。鉴于国有资产普遍具备长期经营的稳定性，这类资产进行证券化通常

可实现10～20年期限的融资，通过与其可撬动的中长期银行信贷融资的期限优势相匹配，能够进一步优化企业负债结构，避免市场利率上行时大规模短期债务到期带来的流动性压力，“长期限＋用途灵活”的特质能充分降低企业在开展境外投资合作项目时可能面对的国际市场波动风险。

（四）规范企业经营管理，提升资产运营质量

专项计划发行上市后，广西农垦及其下属农场作为原始权益人和资产服务机构需要保证基础资产收益稳定，这也就意味着土地经营管理需要具备专业性和持续性，这将有助于进一步规范广西农垦农用地资源的经营管理，优化市场环境，提升企业管理质量。推广到其他类型企业，分散的同类资产通过整体打包证券化上市后，市场投资者对资产盈利的高要求也将推动企业提升资产管理运营能力，间接帮助企业提质发展。

本文主创团队：广西农垦集团有限责任公司

执笔人：周懿、黄亮

以金融为纽带的精准招商模式

以金融为纽带的精准招商模式是以金融为核心要素，通过金融机构的以商招商、金融平台的以牌招商、资本市场的以金招商等方式开展的精准招商活动，为广西实现一批金融实体机构设立、一批实体产业快速落地、金融要素进一步集聚和资本市场突破发展提供了新思路、新办法、新举措，对招商网络构建、"政企金"关系融合、融资路演机制搭建具有示范意义，对全周期招商活动规划研究、产业定位、目标企业锁定、项目落地服务具有借鉴意义，对各地各级开展招商活动具有普适推广意义。

一　案例简介

（一）背景情况

2018 年 12 月 28 日，经国务院同意，中国人民银行等 13 部门联合印发《广西壮族自治区建设面向东盟的金融开放门户总体方案》，广西建设面向东盟的金融开放门户正式上升为国家战略。总体方案中明确指出广西要建立起与全方位开放格局相匹配的现代金融体系，打造形成中国面向东盟的金融运营服务基地、财富管理服务基地、金融信息服务基地和金融交流培训基地。当前，广西产业基础薄弱，市场主体少且规模小，没有良好的产业基础，缺乏服务对象，金融要素难以集聚，即使有金融机构入驻也难以运营。产业招商就像植树，最怕"年年植树不见树，年年招商不见商"。一个企业或产业的落地需要三个要素，分别是资金、人才、业务。从广西壮族自治区地方金融监督管理局的角度出发，要着重在资金瓶颈上找到突破，从资金、人才、业务集中度高的金融机构入手，以金融为纽带开展“以商招商”“以牌招商”“以金招商”精准招商，以金融服务为先导带动其他产业升级发展，推动更多金融机构和金融要素集聚广西，为广西高质量发展提供支撑。

（二）主要做法

1. 发挥金融机构作用，开展以商招商

一是向金融机构总部招商。签订40份协议，在重点融资、机构设立、支付结算、金融创新、人才交流等方面达成300余项合作事项，总体执行率95%。二是向区内金融机构招商。推动已在广西设有省级分支机构或总部的国有大型银行、全国股份制银行、区内城商行、保险公司、证券公司到各设区市及重点县区设立分支机构，加快金融机构下沉，完善金融机构组织体系，延长金融服务触角。三是向金融机构客户招商。发挥金融机构的资源和信息优势，推动金融机构客户资源转化为广西的精准招商资源，对目标企业进行筛选、评估、推荐形成重点引进企业名单，最终为企业落地做好金融服务。在赴安徽省、上海市、福建省开展招商工作时，借助交通银行总部在上海的优势，形成在上海市、安徽省拟引进的企业名单；借助兴业银行总部在福建的优势，形成在福建省拟引进的企业名单。然后结合广西要素禀赋，确定重点招商对象，共同定制个性化招商方案和企业落地融资方案，实现精准招商。

2. 发挥金融平台作用，开展以牌招商

一是中国—东盟金融城招商。出台金融开放门户核心区规划，按照“一轴两翼，一城四区”金融产业布局，开创市场化招商、云招商、以智招商、“资本+产业”联动的新招商模式，赴北京、上海、成都、深圳等地召开推介会，精准对接金融企业，推动中国—东盟金融城金融大厦、中国—东盟大宗商品交易市场、保险产业园等重点项目和重大平台快速落地。二是现代金融产业城招商。将北钦防定位为面向东盟的金融开放门户副中心，有序开发建设北海现代金融产业城，做好新兴金融业态的培育和引进，着力打造区域性国际航运金融中心。三是中国—东盟黄金产业园招商。联合上海黄金交易所争取建立中国—东盟国际黄金交割库，统筹开展黄金进出口“非一批一证”试点，积极承接和吸引全球特别是东盟国家和国内黄金产业链转移与合作，发展集研发设计、生产制造、金融服务、展示交易、人才培育、文化休闲旅游等于一体的黄金产业，促进黄金全产业链发展，打造中国—东盟黄金交易市场。四是中国—东盟跨境金融服务中心招商。在中国—东盟经贸中心设立中国—东盟跨境金融服务中心，为面向东盟的合作提供跨境金融对外宣传、业务咨询、业务办理、业务创新的一站式服务。推动工商银行、农业银行、中国银行、建设银行、交通银行、北部湾银行、桂林银行、太平保险等机构入驻。

3. 发挥资本市场作用，开展以金招商

一是制定“4 个 3”工作计划。按照“资本市场融资是最大的招商引资”的创新发展思路，形成广西资本市场改革发展三年行动计划，即推进直接融资改革创新试点、政府融资平台转型和创设首债续债中心等 3 项改革，建设交易所服务基地、企业上市孵化基地和资本市场金融创新及人才培育基地等 3 个基地，建好债券项目库、上市储备库和重点拟上市企业库等 3 个数据库，强化培训引领、市场引领和奖补引领等 3 项引领，形成自治区资本市场工作框架和基础机制。二是搭建债权股权路演平台。建立常态化路演机制，探索地方政府与证券交易所合作新模式，搭建债权融资和股权融资的路演平台。2020 年 7 月，组织 83 个项目 2050 亿元企业债券赴上海证券交易所参加“广西债券市场投资者恳谈会”；9 月，筛选 37 个项目 1200 多亿元赴深圳证券交易所（以下简称“深交所”）参加债权融资路演活动，推出 19

家广西优质上市后备企业参加股权投融资对接会。三是开展险资入桂系列活动。中国保险资产管理业协会联合广西壮族自治区地方金融监督管理局、中国银行保险监督管理委员会广西监管局成功举办“险资入桂　共建金融开放门户”系列活动。活动采取“线上＋线下”“点对点＋面对面”的模式，组织线上线下对接会7场，政策解读及培训2场，协调50余家企业参加路演活动。

（三）取得成效

1. 新设一批金融实体机构

一是新设持牌类金融机构3家。积极向国家金融管理部门申请设立银行、保险、证券、期货持牌类金融机构，进一步完善广西金融组织体系。中州期货广西分公司、光大永明人寿保险广西分公司已开业运营，浙商银行在广西设立分支机构计划获得银保监会批复，正筹备设立。二是新设金融中后台23家。包括银行保险类6家、交易所及证券类5家、智库研究类9家、金融科技服务类3家。其中，中国银行面向东盟跨境金融创新中心于2020年11月28日挂牌成立，深入研究面向东盟的跨境金融创新产品和服务，重点推动人民币跨区域使用，提升人民币在跨境货物贸易中的使用水平，推动市场主体在金融市场对外开放中使用人民币，推出更多跨境金融领域可复制、可推广的改革经验。三是推动金融机构下沉185家。其中，完成银行机构下沉166家，保险机构下沉19家。在银行机构方面，工、农、中、建、交、邮等国有大型银行设立市县区分支机构9家，全国股份制银行设立11家，桂林银行、北部湾银行、柳州银行等城商行设立131家，农村商业银行设立15家。桂林银行、北部湾银行、柳州银行在全区县域设立分支机构覆盖率达88.57%，北部湾财险已实现市县域全覆盖。

2. 推动一批实体产业落地

2020年，广西壮族自治区地方金融监督管理局牵头成立“民企入桂”第一招商组，走进珠三角、长三角、八闽大地开展产业大招商。在当地金融机构的大力支持下，将金融机构所服务的优质客户作为重点招商对象，与复星国际、安徽阳光、东方希望集团、安徽京东方、安徽科大讯飞、上海证券交易所、深圳证券交易所、上海期货交易所、国泰君安、福信集团、厦门国贸、中民石材等53家单位达成81项合作事项。比如，通过广东和广西两地交通银行的以商招商，成功引进玖龙纸业落户北海市铁山港区。2020年12月21日，玖龙纸业北海项目正式签约，总投资302亿元，建设年产795万吨林浆纸一体化及智能化包装全产业链项目，建成后将成为世界上最大的浆纸生产基地。交通银行股份有限公司广西壮族自治区分行（以下简称“交通银行广西分行”）为该企业量身定制了一揽子金融服务，包括授信支持、跨境直贷融资、国际信用证及汇兑等一系列综合配套服务。交通银行广西分行牵头，联合进出口银行、农业银行等为该企业提供了200亿元的银团贷款支持。

3. 金融集聚效应日益显现

一是中国—东盟金融城初具规模（见图1）。截至2020年底，中国—东盟金融城累计入驻各类企业4624家，其中金融机构（企业）162家，是2018年末的7.7倍，2020年新增102家。根据中国（深圳）综合开发研究院发布的“中国金融中心指数”，南宁市在全国31个金融中心中排第24位，排名提升6位，是全国进步最快的金融中心。二是北海现代金融产业城建设加快。截至2020年底，累计引入企业324家，其中，现代金融服务业240家、高端服务业46家、其他行业38家。完成备案私募基金8只，成立地方金融组织机构8家，融资担保机构新设立数量排全区第1位。2019～2020年实现营业收入109亿元，税收贡献7.99亿元，其中2020年税收贡献4亿元。三是广西黄金珠宝产业园初具规模。贺州市规划用地2000亩，建设黄金精炼加工基地、黄金仓配一体化基地、黄金制品零售基地、黄金文化产业园区等。组建产业园项目平台公司，负责产业园建设、融资、招商、运营等事务。面向深圳水贝国际珠宝交易中心开展招商，已进驻黄金珠宝企业 36 家，新设配套公司 13 家。

图 1　中国—东盟金融城核心区

4. 资本市场取得重大突破

一是直接融资规模大幅增长。2020 年，广西企业通过资本市场直接融资 1981. 14 亿元，同比大幅增长 49. 32%。其中，上市（挂牌）公司股权融资 79. 39 亿元；企业发行信用类债券融资 1901. 75 亿元，同比大幅增长 54. 52%。二是私募基金行业快速发展。2020 年，新增广西农垦股权投资基金有限公司和广西自贸区中马启元资产管理有限公司 2 家基金公司，开展股权、创业投资业务。在中国证券投资基金业协会备案的私募基金管理人数量达 86 家；管理基金只数达 201 只，同比增长 28%；管理基金规模达 517. 23 亿元，同比增长 18. 63%。三是企业上市培育工作稳步推进。2020 年，广西新增境外上市企业 1 家，新增新三板挂牌企业 3 家，截至 2020 年末，上市（挂牌）后备企业达 133 家。四是险资入桂成效显著。筹建险资融资项目库，梳理入库项目 125 个，融资规模 1518 亿元。“险资入桂　共建金融开放门户”系列活动完成全区 2020 年新增险资运用 562 亿元，在历史存量基础上增加 106%。

二　创新点

（一）以金融为纽带构建招商新网络

发挥金融机构“融资、融智、融制、融情、融商”五融联动作用，面向金融机构总部、区内金融机构、金融机构客户等招商资源，结合广西优势产业资源，构建全国乃至全球招商新网络，做好精准招商工作。

（二）政府、企业、机构合作关系新融合

地方政府要发展，需要引进更多企业；企业要向外扩张，需要寻找更好的栖息地；金融机构业务要拓展，需要服务更多企业。以金融服务为纽带推动政府、企业、机构深度融合，形成合力，深化地方政府、企业、金融机构的合作关系，“抱团式”发展，实现多方共赢。

（三）地方政府与交易所合作关系新构建

地方政府筛选优质债券项目和优质企业推荐到沪深交易所参加路演，沪深交易所组织全国乃至全球投资者参与，双方建起债权融资和股权融资路演平台，构建政、金、企高效对接机制，有效解决了募集资金难的问题，提高了区外资金利用率。

（四）做好落地服务形成招商工作新模式

招商主要涵盖“规划研究先行、确定产业定位、招商网络构建、目标企业锁定、融资方案制订、企业跟踪落地”六大步骤。要实现招商项目“花开蒂落”，关键要打通项目落地的最后一公里，探索形成“共建制”新模式。此前深交所广西服务基地落地时，为解决场地选定、业务拓展、人

才服务、管理运营等突出问题，形成了由五象管委会负责提供场地、国海证券负责拓展业务、深交所负责人才服务、自治区及南宁市负责管理运营的“共建制”新模式。此后，在“共建制”新模式的示范下，又成功推动上海证券交易所资本市场服务广西基地落地（见图2）。

图2　上海证券交易所资本市场服务广西基地

三　应用价值

（一）招商活动更精准

各地各级通过把金融机构资源转化为招商资源，快速组建自身的招商网络。由金融机构推荐的企业，往往是经营管理好、融资能力强、创新水平高的优质企业，同这些企业合作，可以减少招商目标摸底调查时间，能够更加精准、清晰、有效地开展招商活动。

（二）融资渠道更多元

金融机构推荐企业本身就带有金融贴身全程服务，地方政府又与证券交易所合作，建起债权融资和股权融资路演平台，为企业后期发展提供了更加多元化的融资渠道，大大减少了企业落地发展融资担忧。

（三）项目落地更高效

地方政府、企业、金融机构三方紧密结合，加持“共建制”模式，可以有效解决选址、业务开展、人才支撑、运营管理等难题，为企业做好“保姆式”服务，加快招商项目落地见效。接下来，自治区将继续使用这一模式加快大连商品交易所、郑州商品交易所、上海期货交易所等资本市场服务广西基地落地，完成全国五大交易所全部落地广西的目标。

（四）复制推广更便利

以金融为纽带的精准招商模式在自治区层面适用，在各设区市、县各级招商活动中同样适用，更具有普适推广效应。各级招商部门可以联合同级金融机构，把当地政策及资源优势、目标企业、金融服务等聚集起来，形成“政企金”一体的项目推进模式，开展产业大招商。

本文主创团队：广西壮族自治区地方金融监督管理局
交通银行股份有限公司广西壮族自治区分行
兴业银行股份有限公司南宁分行
国泰君安证券股份有限公司广西分公司
执笔人：韦瑞智、蓝勇平

科技赋能创新信贷智能风控

防范化解金融风险是金融业永恒的主题，是广西建设面向东盟的金融开放门户的一项基本任务，也是国家安全建设的重要内容之一。新一轮科技革命和产业变革对金融风险防控机制、智能风控水平提出了更高要求。中国建设银行股份有限公司广西壮族自治区分行（以下简称“建行广西分行”）将传统点式风控模式蝶变为立体化智能风控模式，解决了传统模式人工查找、识别风险效能有限的问题，提升了风险管控自动化、数字化和智能化水平。

一　案例简介

（一）背景情况

建设面向东盟的金融开放门户已上升为国家战略，防范金融风险，保障金融安全是金融开放门户建设的重要基石。一方面，随着金融开放门户建设的深入推进，广西区域市场主体将会呈现多元化趋势，风险防范的形势日趋复杂；另一方面，金融科技对传统银行造成巨大冲击，在信息大爆炸的前提下，对获取信息的质量和时效都有了更高的要求，传统的人海战术方式不再适用。为积极贯彻推进《广西壮族自治区建设面向东盟的金融开放门户总体方案》建立和完善风险防控体系的要求，助力构建良好金融生态环境，服务广西面向东盟的金融开放门户建设，建行广西分行依托大数据和人工智能等先进科技创新智能风控体系，取得了显著成效。

（二）主要做法

建行广西分行在总结长期“选”“审”“管”优秀信贷管理经验的基础上，提炼出线下“13 + 58”风险排查监测指标，科技赋能融入线上“3R”系统①，不断进行“排查—验证—反馈—优化”，实现风控模型智能迭代升级（见图 1）。智能风控全流程覆盖所有存量业务及新领域、新业务、新产品，行稳致远，为各项业务又好又快发展保驾护航。

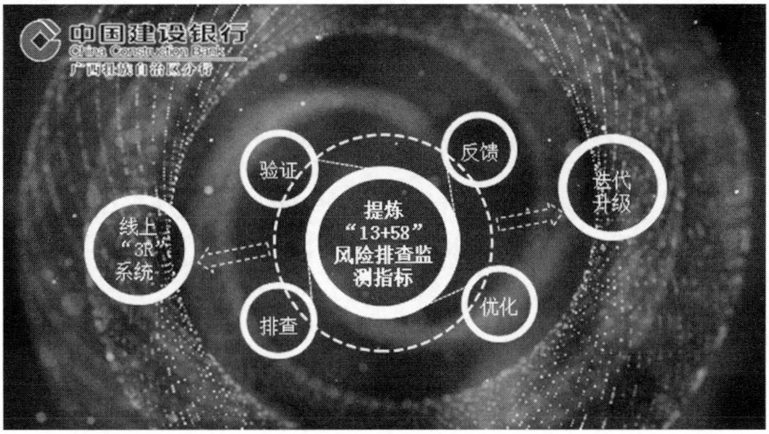

图 1　建行广西分行智能风控体系

（三）取得成效

1. 保驾护航，业务发展速度快

智能风控增强了建行广西分行服务广西经济建设的底气，良好

① “3R”系统：风险排查系统（Risk Scan and Detect System，简称“RSD 系统”）、风险预警系统（Risk Alert and Detect System，简称“RAD 系统”）、风险模型工场（Risk Model Pecision，简称“RMD 系统”）。

的风控能力成为建行广西分行向总行争取更大信贷规模、创新更多信贷产品的牢固基石。2020 年，建行广西分行认真贯彻落实自治区党委、政府工作部署，抓住建设面向东盟的金融开放门户的历史性机遇，在智能风控的保驾护航下，持续提升金融创新和服务民生能力，加大金融资源支持实体经济发展力度，成为建设壮美广西的金融主力军。

截至 2020 年末，建行广西分行贷款余额 3490 亿元，贷款新增 512 亿元，是过去 5 年平均新增贷款的两倍，创历史新高。其中普惠金融贷款新增 9208 户，金额共计 100. 4 亿元；贷款增速 17. 2%，比广西区域金融机构平均增速高 2. 1 个百分点，其中普惠金融贷款新增突破 100 亿元，达到 100. 4 亿元，为“六稳”“六保”做出了建行贡献。智能风控切实助力创新，建行广西分行从解决社会民主痛点、难点出发，创新推出“云义贷”防疫专属信贷产品、“政业融通”综合金融服务、“智慧政务”“e 政通”系列产品和服务，为广西地方经济高质量发展注入了源头活水。

2. 筑牢堤坝，资产质量稳健优良

新冠肺炎疫情发生以来，智能风控承受住了“黑天鹅”事件的检测，在疫情大考中交上了一份满意的答卷，在各项业务高速发展的同时，建行广西分行资产质量持续保持优良，实现“四降”，充分发挥了国有大行金融“稳定器”的作用。截至 2020 年末，建行广西分行系统不良贷款余额 11. 77 亿元，比年初下降 1. 49 亿元，不良率 0. 34%，比年初下降 0. 18 个百分点，逾期贷款 22. 43 亿元，比年初下降 0. 07 亿元，逾期率 0. 64%，比年初下降 0. 11 个百分点；垫款率 0%，新暴露不良率 0. 83%。在受新冠肺炎疫情影响风险暴露加速的严峻形势下，智能风控为建行广西分行资产质量低位稳健做出了巨大贡献，实现了连续 17 年资产质量区域四行最优、系统前列，连续 12 年还原核销不良率在 1% 以内的稳健经营。

二　创新点

（一）在建行系统内、广西区域内首家提炼出“13+58”敏感性监测指标

1. 首家独创“13+58”风险排查监测指标

建行广西分行为满足监控频度和深度要求，结合长期贷后管理经验，根据不同的客户规模和类型，对行内外丰富的数据资源进行降噪、整合、挖掘，在建行系统内、广西区域内首家提炼出一套敏感性监测指标，指标设置按照“两易一难”[①] 的原则，提炼出13个非现场检查指标和58个现场检查指标，并根据数据分析结果与排查实际的契合度不断修正完善。“13+58”风险排查监测指标为实现一级分行非现场监测为主、基层行现场检查为主的贷后分层管理机制提供了有力支持。

2. 现场与非现场检查有机结合

一级分行每年依据13个非现场检查指标，从资产负债率、销售收入、净利润、经营性净现金流等四个方面建立标准模型，进行系统数据跑批，识别问题客户，向二级行部下发排查名单及疑点问题；二级分行依据58个现场检查指标，从基本信息、经营情况、盈利情况、负债情况、营运情况等五个方面开展现场重点检查，一户一策制定有效化解措施。

3. 体检效果敏感有效

2019年以来，建行广西分行运用“13+58”风险排查监测指标对1844户2274亿元大中型客户进行了深度体检。对体检发现存在疑点的客户，按照“三会两层级三类别”分类管理，对潜在风险较大的客户

① “两易一难”：“两易”即系统取数容易、分析监测容易；“一难”即数据作假难。

开展现场检查，并结合“风险管理职责进党委”、行级领导挂钩重点风险项目等规定，实现风险早发现、早预警、早处置，成功为各项业务健康持续发展保驾护航。

（二）创新构建主动监测机制

为适应新变化、新要求，建行广西分行通过机制、制度建设和金融科技手段，一改过往由经办行“自下而上”上报风险事项的模式，在一级分行层面发起主动监测，建立了以“非现场检查为主、现场检查为辅、专项检查为补、重点客户全面检查”的“健康体检”机制。

1. 风险识别效率高，减少对经办行的依赖性

“健康体检”机制极大减少了风险隐患和风险事项的暴露对于经办行主动上报的依赖性，一级分行以系统数据为基础，建立标准模型，发现问题客户，下发排查名单及疑点问题；二级分行在完成贷后检查规定动作的同时，对一级分行非现场检查发现的问题进行现场重点检查，克服常规检查可能存在的风险偏好、经验不同等导致的风险识别不充分的问题。同时，一级分行在分析宏观形势和区域经济的基础上，适时组织区域内客户开展专项检查，进行专项处置；对预警监测系统中出现预警信号的客户要求二级分行进行全面检查，一户一策，制定有效化解措施。

2. 反应灵敏，适应极端特殊经济环境

在新冠肺炎疫情发生之后的特殊经济形势下，“健康体检”机制得到了有效检验，建行广西分行对辖内风险做到心中有数，处置有序，信贷资产质量保持低位稳健。2020 年，对受疫情影响较大的物流运输、批发零售、住宿餐饮、文化旅游等行业客户 591 户 591. 94 亿元的贷款业务不断进行摸底、重检，排查出存在实质性风险的客户 5 户 5. 55 亿元，潜在风险较大的客户 15 户 35. 79 亿元。其中，具有代表性意义的是为某物流公司化解风险的事件。该物流公司进入项目运营期后没有达到预期收益，公司出现资本公积减少、股权划转等风险，而经办行因该

客户股东背景实力较强，出于维护良好客户合作关系的目的忽略了该风险信号。建行广西分行通过风险监测发现风险信息后，将该客户纳入一级分行行级领导重点挂钩风险项目，由行级领导亲自督战，组建分层级风险化解团队，研究制定“一户一方案”风险化解处置方案，明确目标、责任，分解任务，确定规定动作，通过全方位加强与客户的协调沟通，最终顺利化解这一风险项目。

（三）专家智慧科技赋能融入线上风控模型

建行广西分行在“实践—检验”的循环往复中，将专家总结归纳的风险点通过科技赋能融入“3R”系统，构建全面主动的风险预防、监测、管理智能风控体系，充分发挥建行 RSD 系统贷前风险拦截、RMD 系统贷中自定义风险筛查、RAD 系统贷后风险预警功能，通过不断进行“排查—验证—反馈—优化”，滚动更新优化智能风控模型，实现线下凝练，线上融合，使金融科技应用下沉基层，找准基层风险监测重点。

1. RSD 系统实现贷前风险拦截

RSD 系统在贷前准入阶段即提前排除问题客户，实现全行客户贷前准入阶段风险底线的统一。RSD 系统可支持“一行一策”式底线风险排查规则管理，建行广西分行将专家意见库中总结出来的具有区域特色的、成熟的“坏客户”判定依据（风险零容忍）提炼成数字化规则，统一纳入 RSD 风险底线排查库。2020 年建行广西分行贷款新增 512 亿元，全部通过 RSD 系统进行贷前筛查；针对疫情发放的普惠金融“云义贷”产品，建行广西分行从 5 大板块 31 项指标设计“健康体检”机制，开展全面排查，2020 年共排查客户 7829 户，发现预警信号客户 1058 户，有效防范“带病”客户准入。

2. RMD 系统实现贷中自定义风险筛查

RMD 系统主要是依托海量数据，打造模型工场，致力于实现建行全员参与式模型研发、风险评价组合决策、模型统一部署、实时动态模型集中监测管理和参数灵活调整。一线的风险经理和客户经理首先能够应用已有模型，解决日常风险和业务管理中的普遍问题；其次能够设计模型，解决局部地区、业务、事件背景下的特殊问题；最后能够反哺全行的风险管理能力，实现成功经验的快速复制。建行广西分行通过打造模型工厂建模团队，实现对公、普惠、个贷、信用卡条线员工使用全覆盖，共有用户447户，活跃用户130户，执行模型1163次，申请数据3897次，发布模型35个，为全行新金融实践和数字化经营保驾护航。其中，运用“代发工资总量下降超50%信贷客户”模型，筛查出疑点客户130户，涉及信贷余额37.57亿元，年代发工资金额2.55亿元。经二级行部核查，属于客户维护问题的客户78户，涉及信贷余额35.44亿元；属于客户风险状况发生变化的客户46户，涉及信贷余额0.46亿元；属于其他问题的客户6户，涉及信贷余额1.67亿元。该模型的排查为支持营销和防范风险提供了有力抓手。

3. RAD系统实现贷后风险预警

RAD系统主要是统一各业务条线风险预警标准进行风险监控和预（报）警，致力于风险信息的全面共享，确保预警信息一站式获取、管理响应一次性完成，可促进风险及时、有效控制和化解。其中，具有代表意义的事件为，RAD系统提示建行广西分行，客户WH有限公司出现“现金流紧张，严重削弱借款人的偿债能力”的预警信号。建行广西分行根据系统信号开展调查核实，发现该预警信号属实且存在实质性风险；经办机构同时发现，客户刻意将建行独家发放房开贷的项目对应的按揭贷款交由A银行、B银行办理。针对已暴露的风险信号，经办机构逐一研究，采取了有效的风险化解措施，最终实现贷款安全回收。建行广西分行通过RAD系统工具运用，加强风险识别及预警，2020年全年有效甄别系统预警信息10176条。

（四）靶向精准抓取风险信息

建行广西分行从顶层设计入手，构建动态风险监测模型，使基层风险监测标准化、程序化、简单化，从根源上解决因基层从业人员主客观影响，而无法识别或有选择传导、层层减弱重大风险信号等问题。基层行仅须按标准，对风险事项开展现场检查，通过运用模型跑批等方式，精准抓取所需信息，反馈提交管理层，管理层再集中专家分析研判，提升风险识别的主动性、前瞻性和准确性，大幅提升效率。

2020 年，建行广西分行运用该智能风控体系对 378 户 1122 亿元大中型客户进行了深度体检，上下协同，精准靶向收集风险疑点，其中 4 个疑点以上客户 96 户，涉及金额 233 亿元。对体检发现存在疑点的客户开展现场检查，经过持续跟踪化解，结清 70 户 82. 79 亿元贷款，其中结清存在 4 个以上疑点客户 17 户 21 亿元。对存在风险隐患的 9 户 11. 75 亿元贷款的风险分类从正常下调到关注；3 户 2. 97 亿元贷款的风险分类从正常或关注下调到不良。

三　应用价值

（一）助力构建良好金融生态环境

经反复验证，建行线上线下结合的智能风控在提前发现、预判、化解风险方面成效显著。建行广西分行实现了连续 17 年资产质量区域四行最优、系统前列，连续 12 年还原核销不良率在 1% 以内的稳健经营，充分发挥了国有大行金融生态“稳定器”作用。智能风控的创新得到监管部门充分认可和建行系统的充分肯定，曾多次受邀为区域同业分享建行风险管理经验。建行广西分行科技赋能创新智能风控的案例可为广西区域金融风险防控机制建设提供可复制、可借鉴的经验，推动构建良好金融生态环境。

（二）助力提升金融服务地方实体经济能力

地方经济要发展，项目是支撑，招商是关键。2020 年，广西“引金入邕”“引资入邕”成效显著，累计引进资金超 4000 亿元服务全市经济社会发展。建行广西分行的智能风控体系有助于推动实现各金融系统风险信号的共享，在各自的风险偏好下，确定相应的目标客户群，强化对“走进来”客户的选择，引导对“走出去”客户的发展，从“引资”走向“选资”，形成内外部经济发展的良性循环，有助于优化面向东盟的金融开放门户的金融新秩序。

（三）助力推动金融科技在智能风控领域的运用

近年来，随着互联网、大数据经济形态的快速发展，金融科技逐渐成为业态新趋势。在当前新金融时代庞大的客户信息流、数据流的背景下，传统人工查找、识别风险的管控模式效能越发有限。只有打破“人海战术”的风控思维，加强“机控”“智控”，提高风险管理前瞻性和有效性，才能顺应金融发展潮流。建行广西分行构建智能风控，着力解决商业银行信贷业务数字化转型中出现的新风险、新问题，引导智能风控创新实践不断深化，风险识别及处置的主动性、前瞻性和准确性持续提升，为面向东盟的金融开放门户建立健全风险防控体系提供新思路。

本文主创团队：中国建设银行股份有限公司广西壮族自治区分行

执笔人：蒋宇旋、商晶晶

全国首创“债贷结合”收费公路融资模式

《广西壮族自治区建设面向东盟的金融开放门户总体方案》的实施，给广西铁路、公路等基础设施投资建设带来巨大的机遇和挑战，如何破解政府收费公路资金困境成为当下亟待研究的现实问题。广西北部湾投资集团有限公司（以下简称“北投集团”）联合国家开发银行广西壮族自治区分行（以下简称“国开行广西分行”）、广西壮族自治区财政厅（以下简称“财政厅”）和广西壮族自治区交通运输厅（以下简称“交通运输厅”）等单位探索政府收费公路融资新模式，于2020年实现广西乃至全国首批在财政新规框架下政府收费公路领域的“债贷结合”收费公路融资模式，首期贷款40亿元，后续撬动融资超1000亿元。该模式的亮点在于充分发挥政府专项债券作为资本金的杠杆作用，通过打造交通产业链和发展路衍经济的市场化方式，助力政府平台转型升级和可持续发展，为突破广西重大项目建设投融资瓶颈提供了一种可复制推广的新思路、新途径。

一　案例简介

（一）背景情况

2018年12月，中国人民银行等13部门联合印发《广西壮族自治区建设面向东盟的金融开放门户总体方案》，广西建设面向东盟的金融开放门户正式上升为国家战略，该总体方案提出9大方面27项专项任务，明确规定要加强金融服务实体经济，支持中国—东盟互联互通项目建设，这为广西高速公路等基础设施项目的建设发展提供了政策沃土。此外，为贯彻落实交通强国战略，广西作为交通强国建设首批试点省区，正在积极大力推进高速公路项目建设，项目建设对于资金的需求急剧增长。“十四五”期间，广西预计开工和续建高速公路项目105个，建设里程8430公里，新增建成通车5200公里。至“十四五”末，预计广西高速公路通车总里程达12000公里，其中相当一部分将通过政府收费公路模式投资建设，投资规模高达4700亿元，高速公路投资建设进入新的黄金期。

然而，在政府债务严控背景下，政府收费公路融资方式受限。一方面，财政部2012年出台的《地方政府收费公路专项债券管理办法（试行）》明确规定，“收费公路专项债券对应项目形成的基础设施资产和收费公路权益，应当严格按照债券发行时约定的用途使用，不得用于抵质押”。因此，广西政府收费公路的银行融资，自2017年起陷入近3年的停滞状态。虽然高速公路具有收费权力及稳定的现金流，但政府收费公路所有通行费均上缴财政、纳入预算管理，收费权也禁止用于质押，导致项目从还款来源到担保措施均难以有效构建。另一方面，地方政府债券发债规模有限，难以及时支撑公路行业大规模的投资需要。

为此，在上述政府收费公路融资需求大和银行贷款渠道受限、地方债券发债规模有限的背景下，探索一种能够精准服务政府收费公路投资建设的新型融资模式迫在眉睫。2019年，中共中央办公厅、国务院办公厅出台《关于做好地方政府专项债券发行及项目配套融资工作的通知》，广西壮族自治区人民政府办公厅出台《关于做好我区政府专项债券发行使用及项目配套融资工作的实施意见》，这些政策的出台为探索新型融资模式提供了政策基础。

（二）案例概况

为破解政府收费公路融资瓶颈，北投集团与国开行广西分行、财政厅、交通运输厅等部门积极开展融资模式创新，在2020年底成功落地广西乃至全国首批在财政新规框架下政府收费公路领域的“专项债券+市场化配套融资”，充分发挥政府专项债券作为资本金的杠杆作用以及开发性金融引领优势，首期带动银行贷款40亿元，后续融资超1000亿元，为以市场化方式解决广西重大项目建设资金短缺问题提供了一种可复制推广的新思路、新途径，对广西实施“交通强区”战略助推交通运输事业高质量发展具有重大意义。

“债贷结合”收费公路融资模式已在高速公路项目成功实践。首批试点项目2个，为北投集团承建的贺州至巴马公路（蒙山至象州段）一期工程、信都至梧州公路一期工程，项目总投资合计83.5亿元，建设主线里程55.5公里。自2018年以来，项目已获政府专项债券34.5亿元，行政审批手续齐全，具备市场化配套融资的前提条件。在财政厅、交通运输厅的指导下，北投集团会同国开行广西分行完成了《贺州至巴马公路（蒙山至象州段）一期和信都至梧州公路一期工程2个项目的专项债券及市场化配套融资预期收益与资金平衡方案》的编制，并获自治区人民政府审批同意。2020年末，北投集团获国开行广西分行中长期项目贷款40亿元，用于上述项目建设，借款主体为北投集团旗下企业广西新恒通高速公路有限公司，该企业专门负责高速公路建设管理及运营，不存在政府隐性债务，适合开展投融资事宜。

（三）“债贷结合”收费公路融资模式的具体实践

结合公路行业特点和项目实际，“债贷结合”收费公路融资模式构建了“通行费收入+路衍综合运营现金流+股东流动性补助”的市场化运作框架（见图1），要点如下。

1. 编制项目资金平衡方案，整合项目资本金来源

在统筹现有车购税返还、区市共建资金、交通发展基金等来源的基础上，推动新增专项债券作为项目资本金的认定工作。

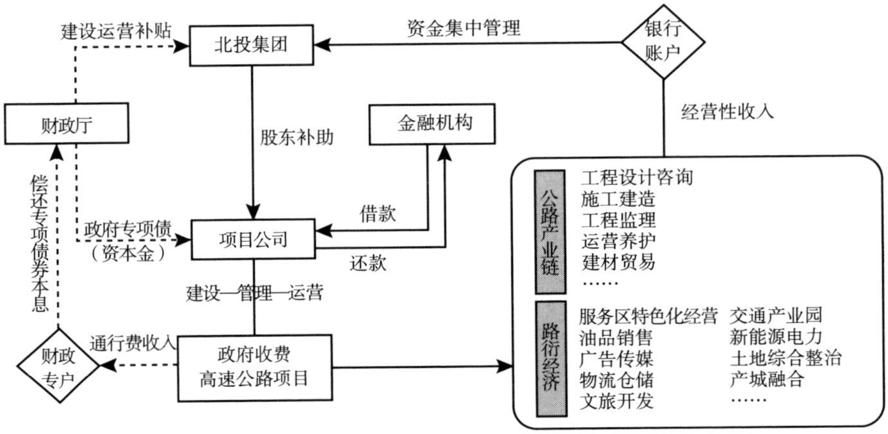

图1　北投集团"债贷结合"收费公路融资模式

2. 实行项目资金分账管理，加强账户资金监管

专项债券的本息还款来源对应"通行费收入"，贷款的本息对应还款来源为"路衍综合运营现金流＋股东流动性补助"。

3. 实行高度的资金集中管理，统筹构建综合经营性现金流

北投集团具有从设计施工、运营养护到沿线开发的全产业链优势，集团对下属各板块子公司资金使用统筹调度，有利于盘活闲置资金和提供流动性支持，实现整体投入和产出财务平衡，防范企业债务风险。

4. 大力发展"公路＋路衍"，深挖资产价值，创造衍生收益

北投集团聚焦交通建设主业，一方面打造公路产业链，向上下游延伸，使"建管养"利润内部化，实现"节流"；另一方面重点发展路衍经济，依靠创新"开源"寻找新的利润增长点，逐步形成公路与文旅、能源、物流、园区开发等有机融合的发展格局。在沿线服务区文旅产业方面，将区域文化融入高速公路服务区，打造具有人文特色及民族风情的商业综合体，如规划蒙山侠客主题文化服务区、大化"百里画廊"自然风光服务区、金秀瑶文化主题服务区、那马"那文化"主题服务

区和富有地方特色的旅游小镇。在能源供应产业方面，与中石油、中石化开展长期成品油销售合作；顺应新能源汽车保有量增长趋势，沿线加油站增设充电桩，还可充分利用公路闸道空地、服务区收费站屋顶及部分停车区搭建分布式光伏发电站，实现“自发自用、有偿充电、余电上网”的电力开发模式。在物流仓储产业方面，利用服务区土地资源，提供物流仓储服务；建立大型物流园区，如北投牛湾物流园——集商品交易、仓储配送和供应链金融服务于一体的智慧型物流园。在土地综合整治产业方面，以“区市共建”高速公路为契机，参与地方农村全域土地综合整治项目，通过补充耕地指标和城乡建设用地增减挂钩节余指标交易，获取施工利润和投资收益。

二　创新点

（一）发挥政府专项债券的杠杆作用

为打破政府收费公路融资渠道单一的困境，2019 年中共中央办公厅、国务院办公厅出台《关于做好地方政府专项债券发行及项目配套融资工作的通知》（厅字〔2019〕33 号），自治区政府办公厅出台《广西壮族自治区人民政府办公厅关于做好我区政府专项债券发行使用及项目配套融资工作的实施意见》（桂政办发〔2019〕91 号）后，北投集团与国开行广西分行密切联动，多次与自治区财政厅、交通运输厅沟通，第一时间深入研究和把握政策要点，开展模式创新。“债贷结合”首批试点的两个项目共有 16.4 亿元专项债券获财政厅批复转作资本金，到位比例 100%，充分发挥投资杠杆作用，带动银行贷款大额投放。因此本案例不仅有效解决了资本金不足的问题，同时用好用足制度红利，精准施策，汇聚更多金融活水流入广西重大项目建设领域。

（二）创新现金流管理，分账运作依法合规

收费权是高速公路核心价值，也是第一现金流；北投集团既是代表政府履行重大项目投融资的主体，又是以市场化方式参与上下游作业的综合运营商，基于商业逻辑运作，并对现金流进行分账管理，可为融资做实合规的还款来源。具体为：政府收费公路通行费收入清分后缴入项目财政专户，纳入政府性基金预算管理，对应偿还专项债券本息，剩余部分由财政统一调配管理，用于补充公路建设主体投资及运营支出。公司综合运营产生的经营性现金流，则归集至企业结算账户，作为银行贷款的还款来源。财政补贴资金、项目经营性收入从主体到账户均分开管理，实现专项债券与市场化配套融资偿债来源完全隔离。

（三）统筹运作 + 资金集中管理，合理配置资金、资本、资源

北投集团拥有高效完整的产业链，一方面，集团统筹各板块子公司分工协作，集中力量“办大事”，尽可能将投资建设高速公路产生的外部效益内部化；另一方面，设立资金中心实施资金集中管理，将各类资金从集团内部富余的地方集中起来形成资金池，保障项目建设和控制整体风险，同时为公司拓展其他经营性活动反哺公益性支出奠定基础。

（四）打造具有竞争优势的路衍经济产业集群，为企业高质量发展赋能提速

一是利用高速公路封闭管理的优势，提升沿线服务区、加油站和广告传媒的服务品质，对标外省先进做法，将特色小镇、特色贸易、文化旅游、物流仓储、综合能源供应与服务区有机结合；二是深刻理解路衍的内涵与外延，布局各类智慧交通产业园、材料深加工产业园、物流产业园、交通设施生产基地、数字科技园等，聚焦主业开展新技术、新工艺、新材料的研发与转化，推动路衍经济产业聚集和转型升级。

三　应用价值

（一）有效解决基础设施重大项目筹资难题，推广应用价值和复制效应明显

当前经济形势仍复杂严峻，中央提出要加快形成以国内大循环为主体、国内国际双循环相互促进的新发展格局。推进重大基础设施建设仍将是未来一段时期广西做好“六稳”工作、全面落实“六保”任务的主要抓手。首批试点项目成功落地后，“债贷结合”收费公路融资模式得到积极推广应用，截至2020年12月底，自治区政府已批复开展市场化配套融资的政府收费公路22条，分别由北投集团、广西交投集团承建，配套融资规模达1000亿元，银团筹组工作正顺利推进。“十四五”期间其他新增政府收费公路项目投资预计达2500亿元，若其中45%采用市场化配套融资，则该模式预计还可撬动资金超过1100亿元，即2020年至2025年预计可撬动各类信贷资金高达2100亿元，这部分资金将用于政府收费公路建设。此外，在其他重大基础设施领域，该创新模式也具有显著的示范效应和应用价值，有利于鼓励和引导金融机构进入基建领域，为“十四五”时期经济发展备足金融粮草。

（二）资金平衡、合规运作，有效利用银行资金

一是采用“债贷结合”收费公路融资模式的项目在国家及地方政策框架下开展融资，事前扎实做好资金平衡分析，事中合规执行分账管理，事后牢牢守住不发生财政金融风险的底线。二是转变以往基建投资“等靠要”的思想，积极践行新发展理念，盘活存量资源、挖掘增量业务，强化项目自身造血功能。按照已落地的1000亿元和预计“十四五”期间新增的1100亿元银行贷款规模计算，预计获得2100亿元银行资金，用于项目建设。

（三）推动政府平台转型升级，提升国有资本运作能力，打造基建综合运营商

在体制和政策严控的形势下，地方政府投融资平台原以政府信用为担保的行为受到严格限制，必须转型升级谋求新的发展空间。通过围绕主业整合资源，从提供单一的交通服务，到提供多元化的综合服务，平台核心竞争力不断增强，能够更好统筹优良的公路资产及相关战略投资收益，实现资本及资金的转换，强化现金流和经营性收入支撑，有利于政府投融资平台走出符合自身实际的可持续发展道路。

（四）以大交通为媒，强龙头、补链条、聚集群，深度挖掘多元化价值，助力交通事业提速增效和高质量发展

党的十九届五中全会提出，要提升产业链供应链现代化水平，推进产业基础高级化、产业链现代化。发展“公路 + 路衍”正是交通企业贯彻落实中央精神，深化供给侧结构性改革的重要举措。通过以交通龙头企业为核心，以关联产业合作园区为节点，以线路为纽带，形成从公路产业链到路衍经济产业群的新格局、新业态，打造多元化的发展新引擎。广西公路沿线的衍生产业发展才刚刚起步，若初期路衍投资额按主线投资额的 10%、资产回报按投资额的 5% 计算，预计未来“十四五”期间，路衍经济带动投资将达 300 亿元、投资收益将达 15 亿元，并有利于增加就业和地方利税，为广西交通运输事业高质量发展注入新活力。

本文主创团队：广西北部湾投资集团有限公司
国家开发银行广西壮族自治区分行
广西壮族自治区财政厅
广西壮族自治区交通运输厅
执笔人：唐海英、石茗露

财政金融联动机制赋能经济稳增长

2020 年，广西壮族自治区财政厅（以下简称“自治区财政厅”）和广西壮族自治区地方金融监督管理局（以下简称“自治区地方金融监管局”）创新财政金融联动方式，将财政资金由直接投入向间接投入、分散支持向重点扶持转变，通过完善顶层设计、发展普惠金融、培育多元主体、吸引金融人才等手段，构建财政金融联动机制。在政策引导和支持下，财政资金加大撬动金融资源和社会资本的力度，支持经济高质量发展，全民金融意识更加深入，金融生态环境更加优化。财政金融联动机制的创新点在于突出市场主导与政府引导的结合，展现了“协调联动”“信息共享”“分类支持”“资金整合”优势。从实践来看，2020 年新冠肺炎疫情防控时期，财政金融联动机制迅速响应，出台系列复工复产财政金融支持政策，获得中央电视台《新闻联播》的报道，这体现了财政金融联动机制的系统性和有效性，对各地采用财政金融联动机制具有借鉴意义。

一　案例简介

（一）背景情况

广西建设面向东盟的金融开放门户作为国家战略，是广西金融领域改革开放的重大机遇。但广西金融业面临着结构不够合理、体系不够完善、创新不够活跃、人才不够集聚等问题，与面向东盟的金融开放门户建设的快速发展不相适应。

为夯实广西金融发展基础，助力建设面向东盟的金融开放门户，自治区财政厅和自治区地方金融监管局遵循发展规律，紧紧围绕服务实体经济、防控金融风险、深化金融改革三大任务，以深化金融供给侧结构性改革为主要目的，创新财政金融联动方式，将财政资金由直接投入向间接投入、分散支持向重点扶持转变，加大财政资金统筹支持力度，构建财政金融联动机制支持实体经济体系。通过财政金融联动机制，更好地运用政府“工具箱”里财政和金融两大重要“工具”，一方面使财政投入通过金融杠杆“四两拨千斤”的作用，放大政策效应；另一方面使金融通过财政支持控制风险和补偿成本，服务实体经济发展，为产业和企业发展提供一个良好的金融环境，缓解产业和企业发展融资难、融资贵问题。

（二）主要做法

1. 着力完善顶层设计，统筹发挥部门合力

自治区财政厅统筹兼顾经济社会发展需求和金融发展诉求，发挥市场在资源配置中的决定性作用，在规划指导、规范运作、服务保障、激励约束等方面强化政府职能，推动自治区人民政府出台财政金融联动“十四条”，设立金融发展专项资金，完成财政金融联动机制的系统性设计，计划在“十四五”时期统筹整合财政资金 500 亿元力争撬动 2. 3 万亿元金融资源和社会资本进入实体经济，强化财政金融政策同向发力。2020 年新冠肺炎疫情防控时期，财政金融联动机制迅速反应，自治区地方金融监管局、自治区财政厅等部门成立强化金融信贷资金支持工作专班，贯彻落实财政金融惠企各项政策，加强政策解读和政金企对接活动，促进融资超过 1700 亿元，有效减轻疫情影响。

2. 着力发展普惠金融，缓解企业融资难题

紧扣企业贷款各个环节，运用财政金融组合拳疏通企业间接融资梗阻。一是出台贷款贴息政策，让企业“降成本”。创新推出“复工贷”

“稳企贷”“桂惠贷”等财政贴息政策，将财政贴息由贷后补贴调整为贷中补贴、直接补贴企业调整为间接补贴企业，通过给予金融机构贴息支持，由金融机构直接降低利率发放贷款。二是加大风险补偿力度，让银行“敢放贷”。针对银行对民营和小微企业不愿贷、不敢贷的情况，采取“贷款＋担保＋风险补偿金”模式，发挥风险补偿金的风险分担作用，降低金融机构风险，促进贷款投放。三是设立专项转贷资金，让企业“能周转”。为避免企业资金链断裂等问题，全区各市设立专项转贷资金，实施以奖代补激励机制，补充壮大各地专项转贷资金，支持对到期还款困难的工业企业和小微企业提供应急转贷资金服务。四是健全融资担保体系，让企业“贷得起”。中小微企业普遍难以获得银行授信，需要融资担保机构提供增信服务，降低银行贷款风险。自治区财政厅和自治区地方金融监管局大力推进政府性融资担保体系建设，在金融机构、担保机构和企业之间形成风险共担机制，为企业融资提供增信服务。

3. 着力培育多元主体，优化金融市场结构

以完善机构体系为切入点，财政奖补助力金融供给侧结构性改革，扩大金融服务覆盖面。一是推动地方金融机构发展。安排扶持资金，通过定额补助、费用补贴、网点补助和业务奖励等措施，帮助农村合作机构成功改制和加快发展，推动地方法人金融机构向县域下沉机构网点，服务县域金融需求。二是鼓励引进和设立金融机构。对新迁入或新设立的金融机构或金融中后台功能性服务机构，根据机构类型、组织形式给予最高 6000 万元的一次性落户奖励，推动优质金融要素集聚。三是支持发展资本市场。制定出台直接融资奖补政策，对企业上市、债券融资、股权投资等运用资本市场融资业务给予费用补助、业务奖励，降低企业融资成本，拓宽企业直接融资渠道，深挖直接融资潜力。

4. 着力吸引金融人才，凝聚干事创业合力

人才是战略资源，任何事业的发展都离不开人才。一是实施金融人

才优惠政策。对广西地区金融机构引进的特定金融人才按照其当年对地方财政收入的贡献额度给予奖励。同时，按规定向相应层次的金融人才发放“高端人才服务卡”，享受关系结转、本人及家属落户等“一站式”服务。二是加强人才培养力度。实施“领航”“英才”“远航”三大金融人才培养工程，专题进修和应用研究相结合，打造结构优化、梯次衔接、素质优良的金融人才队伍。

（三）取得成效

1. 财政资金杠杆放大作用更加明显

2020 年，自治区财政厅筹措资金约 50 亿元，运用财政贴息、奖补资金、风险补偿、融资担保等措施撬动金融资源服务实体经济。在政策引导和支持下，一是全区融资总量快速增长，全区社会融资规模增量累计 7089.4 亿元，较 2019 年新增 1605 亿元，创历史新高；二是银行信贷量增质优，全区各项贷款余额达到 3.52 万亿元，同比增长 15.4%，增幅排名全国第 7 位、西部第 1 位；三是降成本成效明显，广西企业贷款加权平均利率 4.76%，同比下降 55 个基点，小微企业贷款加权平均利率 5.29%，同比下降 72 个基点。各项优惠政策叠加，全年累计向实体经济让利近 160 亿元（见图 1）。

2. 地方金融体系更加完善

一是经营能力不断增强。截至 2020 年末，广西地方银行业法人机构资产总额达 18807 亿元、贷款余额达 10962 亿元，占全区比重分别为 40.33%、31.15%。两家法人保险机构北部湾财险和国富人寿保费收入规模在区内同业分别排第 4 位和第 9 位。组建了广西融资担保集团，担保余额超过 300 亿元。二是服务能力不断增强。广西三家城商行进一步加快向县域下沉机构网点和服务的步伐，截至 2020 年末，已设立县域分支机构 112 家，其中 2018 年出台支持政策以后新增 94 家，北部湾财险已实现县域全覆盖。

图1　2020 年广西金融业指标

3. 产融政策更加全面

财政资金的引导和激励加强了财政政策、产业政策与金融政策的统筹协调。一是跨境金融取得成效。2020 年，广西跨境人民币结算量为 1557 亿元，占广西本外币跨境收支的 40.75%，其中，与东盟跨境结算量为 681 亿元，占广西与东盟本外币跨境收支的 60%。广西跨境人民币结算累计总量在中国西部 12 个省（区）和 9 个边境省（区）中排第 1 位。二是直接融资水平提升。2020 年，广西企业通过资本市场直接融资 1981.14 亿元，同比大幅增长 49.32%。其中，上市（挂牌）公司股权融资 79.39 亿元；企业发行信用类债券融资 1901.75 亿元，同比大幅增长 54.52%。

4. 金融服务更加优化

全区各级各部门举办 350 多场融资对接活动，为超过 5500 家企业提供服务，促进融资超过 1700 亿元。推动信贷办理环节、办理时间和申贷材料“三项精简”，实现“468”工作目标，“获得信贷指标”满意率继续保持高水平。全区银行机构单户授信总额 1000 万元以下普惠型小微企业抵押贷款的办理时间已压缩到 3.03 个工作日，远优于 6 个工作日的设定目标。民营小微企业首贷续贷中心已实现全区 14 个设区市全覆盖。全区“4321”新型“政银担”合作业务累计投放 230.36 亿元，累计服务中小微企业和“三农”主体 7011 户，平均年化担保费率低于 1%。

5. 金融意识更加深入

金融是经济发展血液，随着市场经济的不断发展，金融活动已经广泛渗透到社会经济活动的各个方面。实施财政金融联动机制，有效加大了金融工作培训力度，吸引了优秀的金融人才，越来越多的领导干部和社会主体意识到金融在经济中的核心地位，主动带头学金融、懂金融、用金融，在实际工作中运用金融知识，健全本领域投融资体系，防范化解金融风险，以金融手段推动经济高质量发展。

二　创新点

（一）突出市场主导与政府引导相结合

以金融市场需求为导向，财政金融联动机制注重市场主体自身情况，因企施策加强引导。从贷款贴息政策来看，政府部门主要是通过提供“推荐名单”，引导金融机构对名单内企业给予优先支持、重点支持，充分发挥行业主管部门的信息和专业优势，加强对金融机构的贷款投向引导。银行机构可结合“推荐名单”自主选择贷款发放主体，符合条件的贷款即可申请贴息，将财政贴息的审核把关前置到银行机构，真正由银行等市场主体来主导决定贴息给谁、贴息多少，更有利于按照市场规律运行，更有利于实现精准支持，充分发挥了金融机构在市场资源配置中的枢纽作用。

（二）实现联动协同

财政金融联动机制具有协同性，保障经济社会各领域均能运用财政金融措施。一是政策制定协同。全区相关行业主管部门要主动对接了解企业金融需求，由财政、金融和行业主管部门集思广益、共同参与政策制定研究，从源头上保证政策协同的可操作性。二是政策执行协同。财政、金融和行业主管部门明确分工、各司其职，确保宏观调控政策尽快落实。三是政策反馈协同。各部门加强对政策执行落实情况的监督，定期组织沟通、注重反馈，针对政策执行中出现的问题及时研究并协调解决，不断完善改进政策。从2020年新冠肺炎疫情防控时期财政金融联动机制迅速响应，成立强化金融信贷资金支持工作专班可见，财政金融联动机制能够最大化提高政策协同效率，发挥政策合力。

（三）实现信息共享

充分借助金融科技力量，研发广西综合金融服务平台，上线财政贴息贷款申请、股权融资服务、线上金融超市、重点企业名录、首贷续贷中心等财政金融联动功能，可以根据企业的贷款需求，提供产品推介、贷款贴息、融资担保等一站式、一体化服务，解决企业“融资最后一公里”难题（见图2）。2020年新冠肺炎疫情防控时期，“复工贷”“稳企贷”等贴息政策发挥信息共享优势，企业贷款申请、银企融资对接、银行贷款发放、贴息审核等操作均采用线上模式，企业“足不出户”即可申请贴息贷款，银企双方可以实现24小时全天候对接，贴息资金查询审核批量化、智能化，提高各方对接效率。

（四）突出分类支持

不同资产性质、规模的金融机构其经营范围、业务方向均有其自身定位和比较优势。财政金融联动机制采取分类支持模式，结合金融机构和市场主体的特点，充分发挥各金融主体的比较优势，提高政策协同的对接精度、实施效率和政策效果。例如，从金融机构类型来看，给予新进驻广西的银行业金融机构总部、新设立的一级分支机构、新引进的总部后台服务中心落户补助，是为了分担其固定投入成本；引导地方法人金融机构下沉县域，是帮助地方法人机构扎根本地，实现地方金融和地方经济的发展共赢。

图 2　广西综合金融服务平台

三　应用价值

（一）推广财政金融联动理念

财政金融联动机制的构建，立足广西经济发展需要，找准了财政与金融政策联动的支点和杠杆，促进了政策联动合力的形成，是一次前所未有的系统性设计。2020 年新冠肺炎疫情防控时期，财政金融联动出台的系列政策曾获得中办、国办复工复产调研组充分肯定，获得中央电视台《新闻联播》的报道，为复工复产和稳企业保就业提供了有力保障。实践证明，高效运转的财政金融联动机制，是深化金融供给侧结构性改革的内在要求，是推动经济高质量发展的制度创新，是引导金融资源服务实体经济的有效举措，更是主动回应市场主体关切的融资问题的重大举措，适用于社会各领域。

（二）推出财政资金支持新模式

广西在财政扶持金融方面已出台多项政策，但较为分散，且范围存在交叉性和重复性，相关资金由多个部门分别管理，缺乏统筹兼顾。财政金融联动机制的构建，整合了零碎分散的资金，改变了“撒胡椒面”式的投入方式，体现了集中财力办大事的导向。例如，“桂惠贷”贴息资金来源于相关行业的专项资金和企业所在地的财政资金，将财政资金由补贴形式的直接调控转变为贷款贴息形式的间接影响，提高财政资金市场化运作程度，撬动金融资源投入行业企业。这既保持了对相关行业的支持力度，又形成合力加大了对各领域薄弱环节的支持。财政资金的整合运用体现了政策制定的规划性、系统性和长远性，对后续出台政策和使用资金具有借鉴意义。

（三）推行多元化财政联动措施

财政金融联动机制的构建，是以财政资金“补、奖、贴、偿、投”金融资本，能够有效撬动金融资本，激发企业活力。一是通过补助方式，对新进驻广西的金融机构给予一次性补助，能够适当分担其固定投入成本。二是通过奖励方式，重点奖励业务规模大、社会反响好、信贷支持广西产业效果明显的金融机构，提高金融机构积极性。三是通过贴息方式，由贷款银行以政策性优惠利率向企业提供贷款，财政将贴息资金直接拨付给贷款银行，保障其利润收入。四是通过风险补偿方式，对金融机构支持涉薄弱领域的贷款按一定比例给予风险补偿，分担金融风险。五是通过投资方式，对地方性金融机构可通过财政直接注入资本金，扩大其资本金规模助其提升业务开展能力（见图3）。

上述五种方式为各地区、各单位、各企业运用财政金融手段提供指导性、方向性意见，能够有效引导各类金融机构创新服务、降低成本。

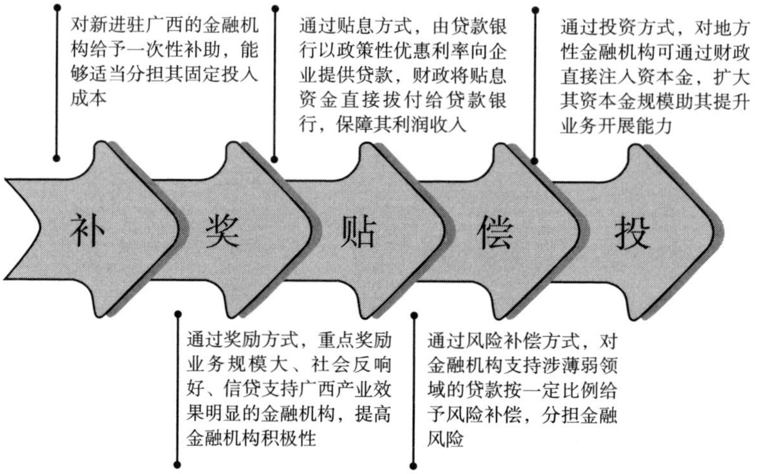

图3　多元化财政联动措施

（四）推进政金企合作

财政金融联动机制的构建，不能只是政府部门的“单打独斗”，必须要能有效引入金融资源。考虑到广西金融机构大多是分支机构，需要向总部机构争取支持，财政金融联动创新推出通过补贴金融机构、由金融机构降低利率发放贷款的贴息产品，推动金融机构及时向总部争取更大的支持，与广西政策目标保持协同一致。通过施行财政金融联动措施，带动金融机构把业务做大做好，更有利于区内金融机构向总部争取更多的倾向性优惠政策，支持、配合广西开展业务创新活动，为广西产业发展提供更多和更优质的金融支持。

本文主创团队：广西壮族自治区财政厅
广西壮族自治区地方金融监督管理局
中国人民银行南宁中心支行
执笔人：黎兆辉、陆静

创新互市结算“农信模式”助力“兴边富民”

广西壮族自治区农村信用社联合社（以下简称“广西农村信用社”）深入贯彻中央“稳边固边”战略部署，认真落实《广西壮族自治区建设面向东盟的金融开放门户总体方案》，积极探索开展边境贸易金融服务，按“真边民、真交易、真结算”要求，创新设计全封闭、可循环的边民互市贸易结算“农信模式”，即“边民贷 + 边贸结算专户”，为互市边民提供利率优惠的融资和便利的结算服务，防范互市贸易各类风险，有效促进边民增收和口岸经济繁荣，助力“兴边富民”。

一　案例简介

（一）背景情况

“兴边富民”是党中央、国务院的战略决策。2017 年，习近平总书记在广西考察时指出，广西要立足独特区位，做足“边”的文章；《中共中央关于制定国民经济和社会发展第十四个五年规划和二〇三五年远景目标的建议》提出“推进兴边富民、稳边固边”的新要求；《广西壮族自治区建设面向东盟的金融开放门户总体方案》第一大专项任务是“推动面向东盟的跨境金融创新”；《广西建设面向东盟的金融开放门户五年实施规划（2019—2023 年）》提出“支持广西沿边市县地方法人金融机构探索开展面向边境贸易的金融业务”的工作任务。

广西拥有1347公里的边境线和8个国家级一类陆路口岸、26个边民互市贸易点，是全国边境贸易最活跃的地区之一。2016～2020年，广西边境贸易总额均位居全国首位。其中，边民互市贸易①总额累计2459亿元，结算需求旺盛，推动经济发展作用显著。但传统的边民互市贸易结算模式存在边民进口货款资金来源不明、未开立实名账户进行结算等风险和问题，不利于互市贸易的可持续发展，亟须优化金融服务，提出解决方案。

为贯彻落实习近平总书记重要指示精神及中央、自治区的决策部署，做好“边”的文章，有效解决边民互市贸易结算业务中存在的困难和问题，推进人民币国际化，助力“兴边富民”，广西农村信用社创新设计了全封闭、可循环的边民互市贸易结算“农信模式”。“农信模式”采用“边民贷+边贸结算专户”的组合形式，完善“向边民发放贷款用于进口货物—代扣归集边民进口货款—跨境支付—代发边民销货收入—还本付息”的业务结算流程，在向边民提供参与互市贸易融资支持的同时，实现互市贸易资金的封闭运营，有效防范洗钱和恐怖融资风险，最大限度保证资金安全，做到“真边民、真交易、真结算”和“真实惠”。

（二）主要做法

1. 创新融资产品

推出“边民贷”特色信贷产品，只要是持有边民证的居民，就可持证向广西农村信用社申请最高额度达8万元的信用贷款，为边民参与互市贸易提供资金支持（见图1）。同时，给予边民融资利率优惠，降低边民融资成本，有效提高互市贸易收益。

2. 研发结算载体

以个人银行二类账户为载体，设计“边贸结算专户”，由边民在已

① 边民互市贸易：指边境地区边民在陆路边境20公里以内经政府批准的开放点或指定集市上，进行的规定金额或数量内的商品交换活动。

图1　凭祥农商行为边民办理“边民贷”

签约交易的口岸服务中心①进行扣款结算，既保证专户内资金用于互市贸易，也防止其他资金混入边民互市结算，保证资金安全。

3. 优化业务流程

第一步，由广西农村信用社向边民发放可循环信用贷款，为边民参与互市贸易提供资金；第二步，由边民根据中国落地加工企业（或国内购货商）② 需求，通过边民互市采购货物并报关；第三步，口岸服务中心将结算数据上报广西边境口岸互市贸易结算互联互通信息平台（以下简称“口岸互联互通平台”③）；第四步，广西农村信用社根据口岸服务中心指令代扣边民进口货款并归集到互市专用账户；第五步，中国落地加工企业（或国内购货商）将向边民购货

① 口岸服务中心：由各边境口岸所在地政府指定的，为边民开展互市贸易结算提供信息服务的企业或事业单位。

② 中国落地加工企业（或国内购货商）：向边民采购互市商品的口岸落地加工企业或其他国内购货商。

③ 口岸互联互通平台：可实现边民互市贸易结算数据与海关报关数据无纸化核验的边贸跨境结算综合服务平台。

的资金转入在广西农村信用社开立的对公账户，并委托信用社代发货款；第六步，广西农村信用社审核边民购货、报关证明材料并在口岸互联互通平台上核验；第七步，核验通过；第八步，边民代表或互助组通过越南银行将货款跨境支付给越南供货企业，并进行国际收支申报①；第九步，越南银行将进口货款解付给越南供货企业；第十步，越南供货企业通知边民发货至中国落地加工企业（或国内购货商）；第十一步，广西农村信用社从中国落地加工企业（或国内购货商）对公账户中将购货款代发给边民，边民归还贷款并循环使用额度（见图2）。

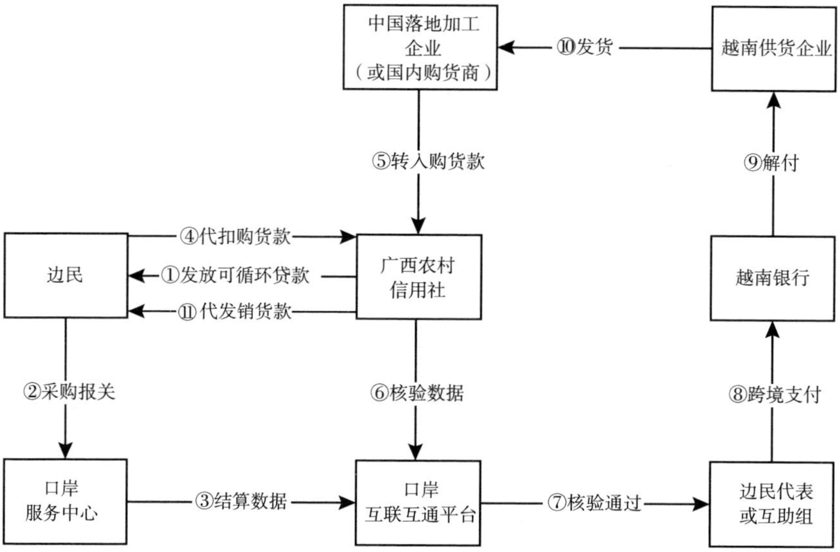

图2　边民互市贸易结算“农信模式”业务流程

4. 强化系统支撑

构建广西农村信用社边贸前置系统，与各沿边口岸服务中心信息服

① 国际收支申报：根据国家外汇管理规定，向国家外汇管理部门报告涉外收入和支出数据的工作。

务系统直连，实现互市贸易货款的线上代收代付，无须边民到口岸服务中心排队结算。

（三）取得成效

1. 助推广西农村信用社互市贸易结算量实现跨越式增长

广西农村信用社运用互市贸易结算“农信模式”，开拓了凭祥、宁明、龙州、靖西、那坡等地 11 个口岸的互市贸易结算市场，年互市贸易结算量由“农信模式”推出前的 10 亿元上升至 65 亿元，增幅 550%，实现了跨越式增长。凭祥农商行在边民互市贸易结算业务中实行“党旗引领 + 边民互市贸易结算农信模式”，被中国（广西）自由贸易试验区建设指挥部授予“中国—东盟跨境金融创新试点（崇左片区金融改革创新试点）”创新示范项目，成为凭祥市唯一一家获此殊荣的金融机构。

2. 实现边民互市贸易结算信息流、资金流、货物流的闭环管理，促进广西农村信用社互市贸易结算合规展业

信息流：边民进口货物后，到口岸服务中心办理报关和结算，口岸服务中心同时将结算数据推送到口岸互联互通平台预核验、到广西农村信用社系统代扣货款；口岸互联互通平台将结算数据与海关报关数据对碰后，生成核验结果；广西农村信用社扣款完成后将扣款客户数据与口岸互联互通平台核验结果进行匹配，匹配成功即将扣款客户数据标注为已核验，数据无法重复再用于跨境支付。保证了报关信息、结算信息、扣款信息和跨境支付信息的一致性。

资金流：广西农村信用社向边民发放可循环贷款并代扣归集，在收到中国落地加工企业（或国内购货商）存入的购货款后，再将归集的边民进口货物资金跨境支付，最后将已收到的购货款代发到边民账户，边民归还贷款，实现了资金的封闭循环。

货物流：边民报关后，进口的货物先存放在口岸服务中心，越南

供货企业在收到边民跨境支付的货款后，通知边民将存放在口岸服务中心的货物发送给中国落地加工企业（或国内购货商），此时国内企业购货款已存放到广西农村信用社，因此不会发生拖欠边民货款的情况。

3. 有效推进衍生自动化程度更高的边民互市贸易结算模式

边民互市贸易结算“农信模式”解决了边民资金的来源、流转和管理问题，后续可帮助广西农村信用社实现与边民线上报关、线上支付、逐笔国际收支申报、国内二级市场线上商城等新功能、新业态无缝对接，具体如下。

首先，可打造互市贸易结算全流程线上操作模式。随着“数字广西”建设不断推进，数字金融融入数字政务是大势所趋，可探索银行业务系统与海关互市贸易申报系统、口岸服务中心系统、口岸互联互通平台的数据信息交互，实现边民通过手机银行 App 一站式进行互市贸易组团、海关报关、跨境结算等，有效提高金融服务效率。

其次，可推进互市贸易逐笔还原至边民个人申报。目前边民互市贸易的国际收支申报是以边民合作社或边民代表作为主体进行申报，无法体现单个边民的贸易行为，不符合国际收支申报“实质大于形式”的原则。而“边贸结算专户”是边民实名账户，在银行能够取得边民交易详细数据和报关信息的前提下，即可还原至边民个人进行国际收支申报。

最后，可完善对互市贸易国内二级市场①的管理。在边民互市贸易结算“农信模式”中，为了确保中国落地加工企业（或国内购货商）向边民支付的资金来源安全且支付及时，广西农村信用社和口岸服务中心对企业的经营情况和资金来源进行了调查，对国内二级市场进行了初步管理。后续随着互市贸易线上平台的不断发展和完善，中国落

① 互市贸易国内二级市场：中国落地加工企业（或国内购货商）向边民采购互市货物的市场。

地加工企业（或国内购货商）可进入互市贸易线上平台进行需求发布、货物采购和货款支付结算，将国内二级市场交易也纳入边民互市贸易流程，接受市场监管部门和金融监管部门的监督，进一步规范互市贸易全流程。

二 创新点

（一）实现结算实名开户全覆盖

在传统的边民互市贸易结算业务中，部分结算银行由于难以为全部边民开立结算账户，只能从地方商务部门获取边民清单，在自身业务系统中按边民姓名开立虚拟电子账户，将中国落地加工企业（或国内购货商）资金先预付到边民电子账户中再进行代扣、归集、跨境结算，不符合人民银行关于银行结算账户管理的政策规定，无法开展反洗钱筛查，也不能保证互市贸易资金来源的合法性。“边贸结算专户”可以很好地解决以上问题，在全国边民互市贸易结算创新中走在前列（见图3）。

“边贸结算专户”的载体是个人二类账户，由边民根据本人意愿实名开立，并严格遵守人民银行关于二类账户使用的各项限额规定，可正常进行账户监管和反洗钱筛查。同时，“边贸结算专户”只接受口岸服务中心的指令进行扣款，不可在银行柜台、ATM及线上转账提款，保证了账户内资金的安全，提高了向边民发放信用贷款的可行性；边民取得银行贷款采购货物，后续再使用销货收入归还贷款，结算流程与贸易实质相匹配，更加合规、更可持续。

（二）实现货物资金来源易监管

由广西农村信用社向边民直接发放“边民贷”，可有效保证边民进

图3　宁明农商行为边民办理“边贸结算专户”

口货物的资金来源合法真实，降低来源不明资金给中国落地加工企业（或国内购货商）、边民、结算银行带来的巨大经营风险。

（三）实现结算流程运行全封闭

从发放贷款到边民边贸结算专户、扣款归集到互市专用账户，再进行跨境支付，最后由国内落地加工企业（或国内购货商）将购货款存入在广西农村信用社开立的对公账户、代发到边民边贸结算专户，资金流及其中涉及的账户全部由广西农村信用社和口岸服务中心共同监控。其中，边民账户资金由广西农村信用社融资提供，归集的边民进口货物资金和中国落地加工企业（或国内购货商）购货资金由广西农村信用社监管，边民从事互市贸易的真实性和中国落地加工企业（或国内购货商）的生产经营情况、资金来源渠道由口岸服务中心监管，有效规避不明资金混入互市结算流程汇出境外，防范洗钱风险。

（四）实现货款归集支付“零风险”

在传统的边民互市贸易结算业务中，边民进口货款在办理结算时均归集到口岸服务中心在银行开立的对公账户，再以口岸服务中心名义进行跨境支付，货款存在被挪用风险。2018 年中国人民银行加强对边境贸易支付结算的管理后，不具备支付牌照的口岸服务中心不能再归集边民货款。而广西农村信用社作为银行业金融机构，具有完备的支付结算资质，可从边民账户代扣资金到互市专用账户，无须口岸服务中心中转，既符合政策要求，又能保证归集资金全部用于跨境支付而不被挪用。

三　应用价值

（一）推动互市贸易经济可持续发展，“兴边富民”成效显著

广西农村信用社推出互市贸易结算“农信模式”以来，有效解决了边民互市贸易资金来源问题，充分调动了边民参与互市的积极性，繁荣了边贸市场，增加了边民收入。同时，实现了互市贸易资金代收代付全线上办理，边民足不出户即可完成结算交易，即使是在疫情防控时期也能正常进行结算。2018 年至 2020 年，广西农村信用社已累计为 4.6 万户边民发放边民贷 50.35 亿元，贷款余额 28.43 亿元，让利超过 300 万元，累计为超过 290 万人次边民提供互市贸易结算服务，每位边民月均新增互市贸易收入 1000～1500 元，帮助 2000 多户边民实现了脱贫致富奔小康。

（二）助推口岸经济繁荣，落实“稳边固边”战略部署

边民互市贸易结算“农信模式”已在广西 13 个边境口岸推广运

行，共为边民开立边贸结算专户 1.98 万个，累计办理边民互市贸易结算量 162 亿元。为了营造良好的互市环境，繁荣边贸市场，广西农村信用社对边贸企业（项目）授信 12.2 亿元，支持口岸建设和商品流通，有效推进口岸经济发展。其中，宁明农商行运用边民互市贸易结算“农信模式”，促进爱店口岸贸易量不断上升，年跨境人民币结算量达 30 亿元，创造了 400 多个就业岗位，有效激发外出人员返“边”务工积极性，促进边境口岸配套设施不断完善，增强其对外地客商的吸引力，形成“口岸经济”，落实中央“稳边固边”战略部署（见图 4）。

图 4　边民互市贸易蓬勃发展，落实中央“稳边固边”战略部署

（三）有效防控边民互市贸易结算业务三大风险

一是有效防控洗钱和恐怖融资风险。由银行提供融资，明确了边民参与互市贸易的资金来源；边贸结算专户限制了交易渠道，使信贷资金专项用于边民互市，阻止了其他不明资金混入。

二是有效防控贸易背景虚假风险。由于整个流程的封闭性，跨境交易金额与边民进口货物金额存在严格的对应关系，不会出现大规模溢价付款的情况；同时，通过口岸互联互通平台的核验，也规避了虚假报关信息和重复结算的可能性。

三是有效防控企业信用风险。由银行负责进行资金归集，防范了无支付牌照的第三方侵占边民资金；要求中国落地加工企业（或国内购货商）在归集边民进口货款后、跨境支付前支付边民购货款及交易所得，保证了边民的信贷还款来源和销货收益，也使整个流程能够循环、持续。

本文主创团队：广西壮族自治区农村信用社联合社

执笔人：何妍妮、卢艳

Ⅱ　十九大优秀案例

“海外贷”助力广西跨境人民币双向融资

中国工商银行股份有限公司广西壮族自治区分行（以下简称“工商银行广西分行”）以服务国家、自治区发展为己任，大胆创新，借助广西建设面向东盟的金融开放门户和自贸试验区的政策，通过整合创新工商银行跨境融资产品，积极与集团内驻东盟地区的各分支机构内外联动，率先在系统内推出“海外贷”新思路和新做法，借力集团庞大的境外网络，不仅可支持“走出去”企业高效快捷地获得境外融资，也可在较短时间内为境内企业引进较低成本的信贷资金，让企业享受到“多快好省”的全球资金市场红利，为推进广西跨境人民币融资和地方经济高质量发展开辟更广阔的空间与机遇。

一　案例简介

（一）背景情况

2020 年初，面对突如其来的新冠肺炎疫情，广西不少“走出去”

企业、进出口企业在复工复产期间有迫切的融资需求。如钦州某家外资生产型企业，在复工复产期急需进口项下的融资支持。但受制于境内商业银行信贷规模与国内人民币贷款资金价格水平，企业融资难、融资贵的问题依然突出。

工商银行广西分行“急企业所急”，通过落实各项金融创新政策，积极与东盟地区的境外分行内外联动，大力开拓境内外两个市场，优化金融生态环境。根据市场需求研判，工商银行认为，以下两个市场适合“海外贷”创新开拓：一是工商银行在东盟地区作为离岸人民币清算银行的机构，这类机构有一定的离岸人民币资金沉淀，在跨境人民币资产方面有潜在应用空间；二是广西“走出去”企业在东盟地区开设的关联企业或分支机构，这些境外机构在当地有融资的需求，但难以满足当地金融机构的评级授信等融资门槛。

（二）主要做法

依托广西建设面向东盟的金融开放门户、自贸试验区和西部陆海新通道的金融创新政策，工商银行广西分行在总行的指导和支持下，组成创新研究小组，针对客户提出的金融服务需求，深入研究分析，寻求问题解决突破口。通过与集团境外机构，尤其是东盟国家分支机构对接，研发“海外贷”跨境人民币双向融资业务新产品，在投融资、跨境结算、账户服务、汇率避险等全流程服务方面进行了创新探索，满足了企业境内外多场景融资需求，让企业体验到了更高效、更价优的服务（见图1）。

“海外贷”在以下三个场景模式下，为企业全球金融资源配置、境内外资金互通、市场互联搭建桥梁。

业务场景一：某企业是广西区内进出口企业，在外贸订单签订、原料采购、产品生产、仓储、装运的各个时点，都有机会向银行申请国际贸易融资。在“海外贷”模式下，工商银行广西分行与工商银行东盟地区的境外机构合作，为企业引入境外的融资支持。工商银行广西分行作为融资邀请行向工商银行东盟地区的境外机构发出风险参贷邀请，由境外机构提供跨境人民币资金但不承担参贷风险，且资金用于进出口贸易融资下的人民币资金需求。此场景广泛适用于广西区内的进出口企业，能够有效解决企业在进出口经营周期各个阶段的融资需求。企业能获得更多的融资渠道，也可以享受到境内外两个市场带来的融资成本降低的红利。

业务场景二：某企业是一家发电厂，在日常生产中有营运资金贷款的需求，这样的场景同样可以融入境外的资金。这个场景适用的企业群体很多，常见的日常经营和项目建设等贷款用途都可以应用，不仅限于进出口业务，也不仅限于外资属性的企业。广泛的适用性使得各行各业都有机会获得开放金融门户改革带来的红利。工商银行广西分行参与并承担该笔贷款业务的信用风险，为境外机构提供增信，由境外机构为境内企业提供融资。

业务场景三：A 公司是在中马钦州产业园区注册的进出口企业，该企业在马来西亚设立了子公司 B。为了解决子公司在当地的融资需求，工商银行广西分行主动对接在马来西亚的境外机构，基于 B 公司的还款能力和 A 公司的反担保能力，工商银行境内外机构共同为 B 公司提供融资服务。工商银行广西分行提供融资性担保，境外机构为广西“走出去”企业在当地的经营活动提供资金支持。

业务场景三中，广西“走出去”企业在东盟国家设立的分支机构在评级授信和落实抵质押担保方面难以满足当地金融机构的要求。为了解决上述融资难题，工商银行广西分行基于“走出去”企业母公司的经营实力，对其进行反担保能力评估，并根据母公司提供的反担保申请，出具以境外机构为受益人的融资性担保或资金保付协议；境外机构基于“走出去”企业境外分支机构的第一还款来源和能力，以及融资用途等进行判断，对于符合条件的项目，提供资金支持，并负责审核和监督融资资金的流向，保障融资背景的真实性，共同防控风险。这一模式使得广西更好地发挥面向东盟的金融开放门户作用，与东盟金融机构更加紧密地合作，实现优势互补，共同支持实体经济的繁荣发展。

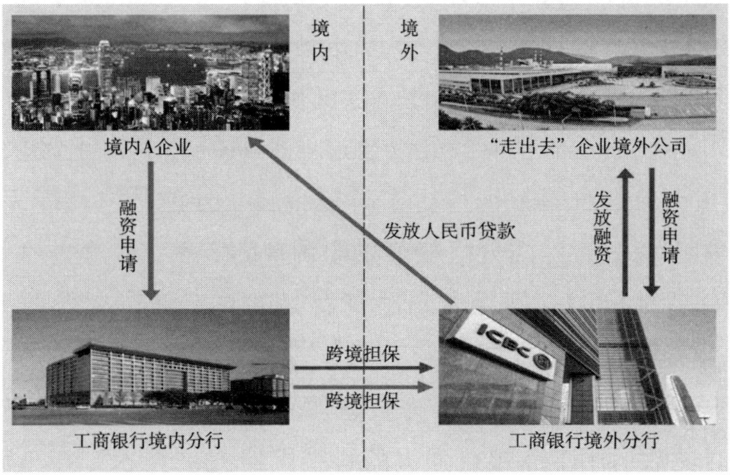

图1 “海外贷”业务流程

（三）取得成效

工商银行广西分行积极响应自治区政府建设面向东盟的金融开放门户的号召，先行先试、主动作为，创新推出“海外贷”，为区内企业及其境外子公司拓宽了融资渠道，降低了资金使用成本，有力地支持了自治区的“六保”“六稳”政策，推动经济高质量发展。

一是通过境内外积极联动，为广西企业融入低成本资金。基于海外市场资金流动性好、融资定价灵活的特点，工商银行广西分行与境外分支机构合作，由境内机构提供还贷保证，境外机构直接放款给区内的借款企业，为区内企业筹集到价格较低的信贷资金，更好地支持区内企业降低融资成本，做大生产经营。境内外银行机构分工明确，流程同步，业务处理电子化，因此可以做到业务办理无缝高效，企业体验较好。同时，为了使“海外贷”的效用得到更好的发挥，对于有境外采购支付外汇需求的融资业务，还可以发放外币贷款，并参考境内外汇率同时为企业配套套期保值汇率避险产品，规避汇率风险。

二是通过发挥新技术优势，为区内金融基础设施建设赋能增效。工商银行是全国银行业内首家采用区块链节点层技术直联国家外汇管理局“跨境金融区块链服务平台”的银行机构，工商银行广西分行在办理“海外贷”业务的全流程中，可以通过业务系统直联以上区块链平台，对企业的报关单信息等数据进行实时核验，一分钟之内就能完成核验，大大提升了工商银行广西分行贷前尽职调查的效率，让企业在获得更优质的服务体验的同时，确保贸易融资背景的真实性，有效防范重复融资，实现业务健康稳健发展。

三是通过整合业务资源，为金融服务创新提供了可借鉴的经验。“海外贷”灵活运用工商银行强大的科技网络先进技术，在工商银行庞大的全球信贷与代理投资业务综合处理与管理体系技术支持下，通过工商银行自主研发的境外 FOVA 系统（境外一体化的综合业务处理系统）与境内 NOVA 系统（境内一体化的综合业务处理系统）以及 GCMS 系统（信贷与代理投资管理系统）互联互通，数据共享的链接运用，境内外机构能快捷高效地将客户信息共存，加速放款。境外机构还能通过工商银行行内全球信息咨询平台系统共享境内企业信息。境内金融机构如工商银行广西分行通过融安 E 信、区块链等技术完成客户征信调查、贸易信息核验等环节。通过前中后台紧密配合，科技系统无缝对接，打破以往网点柜面审核操作等人工环节，跨平台直驱放款，一笔“海外贷”三个工作日即可完成，不但提高了效率，也为今后同业开展金融服务创新提供了可借鉴的经验。

截至 2020 年末，工商银行广西分行通过联动工商银行新加坡分行、东京分行、金边分行、工银马来西亚等海外机构，为广西区内 8 家企业共发放“海外贷”近 11 亿元人民币。

二　创新点

（一）制度创新

将落实建设面向东盟的金融开放门户和自贸试验区政策与“全口径跨境融资宏观审慎管理”的要求有机结合，在广西壮族自治区人民政府印发的《加快建设面向东盟的金融开放门户若干措施》（桂政发〔2020〕19号）等明确“支持跨境信贷融资”的支撑下，为让企业体验到改革的便利，工商银行广西分行在符合宏观审慎管理要求的前提下，通过与公司部、信贷与投资管理部、授信审批部、运行管理部、内控合规部等部门共同商讨，修订内部相关制度流程，如信贷审批、借款合同签署、放款流程、账务处理、单户企业跨境融资总量测算等。《加快建设面向东盟的金融开放门户若干措施》明确提出“对广西区内符合条件的企业通过贷款形式从境外融入本外币资金，按照其实际融资额的1%给予补助”，工商银行广西分行快速响应，在全辖展开政策解读和目标企业筛选的工作，同时密切与东盟地区的境外分行如工商银行新加坡分行、金边分行等开展联动，邀请其作为借款行，并全程配合做好广西区内借款人和相关债项的贷前调查和贷中贷后管理。

（二）模式创新

通过与系统内多家境外分支机构合作，突破原有的点对点合作的局限性，充分发挥工商银行全球化经营优势，建立内部询价机制，将自贸试验区金融创新机遇和广西建设面向东盟的金融开放门户的改革利好高度融合，确保获得最优的境外融资价格。《广西壮族自治区建设面向东盟的金融开放门户总体方案》中明确提出，“探索在宏观审慎管理框架下，广西银行业金融机构向东盟商业银行融出人民币资金”。工商银行广西分行充分领会政策精神，结合行内对自贸试验区分行金融创新的指导意见，主动联动金边分行等境外机构，积极提出境外贸易融资项下，由自贸试验区分行向东盟地区分行融出跨境人民币资金的创新方案，审慎完善相关规章制度的制订。该项创新业务由总行单证中心专家团队逐笔在系统内完成全流程操作，确保了创新与合规的统一。

（三）技术创新

高效运用国家外汇管理局“跨境金融区块链服务平台”以及国际贸易单一窗口等金融科技创新成果，实现信息共享，为“海外贷”贷前尽职调查、贷中审查和贷后管理提供相关依据。此外，通过本地银行见签方式，为企业和境外银行签署融资合同提供便利，这在疫情防控时期发挥了较大作用。

（四）服务创新

为贯彻落实监管部门外汇风险中性要求，针对企业跨境融资，配套运用汇率避险产品，满足对外经贸企业规避汇率风险的需求。人民币汇率双向波动日益常态化，帮助做好汇率风险管理，是工商银行广西分行金融创新业务的重要组成部分。工商银行广西分行根据企业的生产周期和融资产品的详细情况，在跨境融资创新产品的推介中，也配套运用汇率避险产品，切实帮助企业锁定融资成本，进一步践行金融创新服务实体经济的初心。

三　应用价值

（一）“多”，可多渠道融资

工商银行广西分行与系统内驻东盟乃至全球各个国家和地区的20多个分支机构开展了“海外贷”的合作，可以满足人民币和多种外币的融资需求，且可确保价格最优。

（二）“快”，服务高效快捷

一笔融资从企业提交申请到融资发放最快三个工作日可落地。广西建设面向东盟的金融开放门户的改革利好等多项政策红利叠加释放，工商银行广西分行以此为契机，向总行申请资金配置“绿色通道”，服务更加高效、快捷。例如，一笔国际贸易融资项下的跨境资金融入业务，最快可以在三个工作日完成，审批放款效率大大优于传统的跨境融资。在总行单证业务专家团队的指导下，工商银行广西分行对面向东盟地区的跨境融资流程进行多次优化，流程更简约。这也得益于从地方政府到中国人民银行等部门与东盟国家央行等部门的互访交流，使工商银行广西分行与金边分行等境外机构的合作更上一层楼，创下了一个个高效合作的业务纪录。

（三）“好”，企业体验好

通过简化集团内部信贷流程，实现了服务的高效便利，提升了客户的体验。尤其是在境内融资规模紧张的环境下，企业的融资渠道得以拓宽，各行各业都有机会获得来自境内外金融机构的资金支持，还有机会降低融资的总成本。同时，在融资流程和办理业务所需的时间方面，企业没有增加额外的负担。

（四）“省”，能为企业节省融资成本和时间

融资报价方面，境内外两个市场在不同的时间段各具优势，在“海外贷”创新模式下，工商银行广西分行实时关注融资报价的变动，适时向企业推荐更优成本的融资方式。这样一来，企业可以获得更优的报价，融资成本降低。

本文主创团队：中国工商银行股份有限公司广西壮族自治区分行

执笔人：黎雪梅、王悦

全国首单增强型并购中期票据

广西交通投资集团有限公司（以下简称“广西交投集团”）于2020年4月10日成功发行全国首单增强型并购中期票据暨首单服务国家重大战略并购中期票据，发行规模5亿元，发行期限5年，发行利率3.46%，创下广西区内近三年同期限同评级中期票据最低发行利率。本期中期票据为中国银行间市场交易商协会（以下简称“交易商协会”）并购票据机制完善及产品结构创新提供了实践支持，推动了并购票据的结构创新。对于加快国家重大战略基础设施项目落地，助力西部陆海新通道建设具有示范效应。

一 案例简介

（一）增强型并购中期票据定义

增强型并购中期票据以交易商协会的中期票据为载体，通过公开市场发行的方式获得募集资金用于向发行人的控股子公司或全资子公司增资（注资），增加（实缴）子公司的注册资本，子公司可将注册资本用于股权性质相关方面。增强型并购中期票据募集资金最终用于项目建设的，发行人自有资金出资比例不得低于国务院关于固定资产投资项目资本金的相关要求；注册及发行增强型并购中期票据的规模不能超过发行人应出资本金规模的50%。增强型并购中期票据的主要优势在于募集资金可以用于增加或实缴注册资本，成本低于并购贷款，不要求以项目现金流还款。

具体交易结构见图 1：

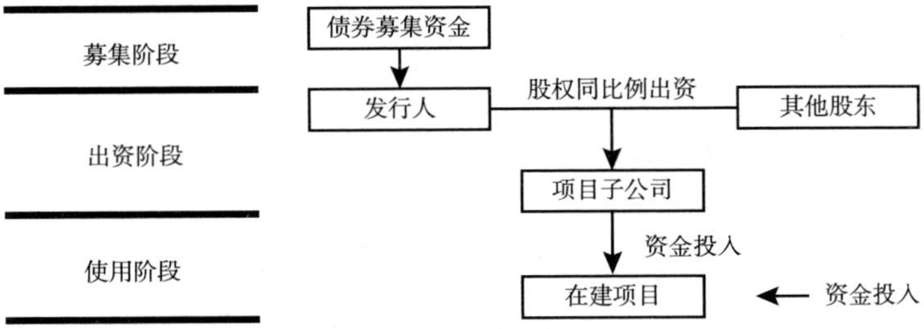

图 1　增强型并购中期票据交易结构

（二）业务背景

高速公路、港口、高速铁路和普通铁路等具有重大战略意义的大型基础设施建设项目，具有建设期限长和资金投入规模大等共性，项目资本金筹集困难。广西交投集团作为广西交通建设的主力军，公路和铁路的建设任务繁重，在建和未来规划建设项目普遍经营收益不足且回收期长，其他产业对交通建设反哺不足，产业基金和建设基金筹资渠道有限，项目资本金问题突出。研究、探索、解决项目资本金来源是广西交投集团未来筹融资工作的重点。

2019 年 2 月，习近平总书记在中共中央政治局第十三次集体学习时提出，坚持以市场需求为导向，积极开发个性化、差异化、定制化金融产品，深化金融供给侧结构性改革，增强金融服务实体经济能力。2020 年 3 月，中共中央、国务院发布《关于构建更加完善的要素市场化配置体制机制的意见》，提出“加快发展债券市场。稳步扩大债券市场规模，丰富债券市场品种”。2020 年 4 月，国务院金融稳定发展委员会召开第二十五次会议，提出“发挥好资本市场的枢纽作用……放松和取消不适应发展需要的管制，提升市场活跃度”。为落实党中央、国务院相关政策要求，提升金融精准服务企业并购需求的质效，在交易商协会的指引和推动下，广西交投集团与兴业银行顺利注册并发行了全国首单增强型并购中期票据，该笔债券同时也是全国首单服务国家重大战略并购中期票据。

（三）发行人简介

广西交投集团成立于2008年7月，主要承担广西高速公路、铁路建设发展任务，是自治区重要的投融资平台和国有资产经营主体。广西交投集团是在原自治区基建管理局、高速公路管理局相关资产和人员基础上组建而成的。2018年9月，广西交投集团与广西铁路投资集团有限公司实施战略性重组，组建新的广西交通投资集团有限公司。根据自治区党委政府印发的《交投集团和铁投集团战略性重组方案》，集团公司的功能定位是：在参与市场竞争的前提下，承担政府高速公路、铁路建设重大专项任务，以实现政府在调节经济、促进社会发展等方面的战略目标，继续保持广西交通建设主力军的地位，成为广西产业发展的重要力量，成为广西产融结合的典范。

截至2020年12月31日，广西交投集团注册资本301.05亿元，总资产4406.70亿元，资产负债率64.20%。各层级下属公司325家，其中上市公司1家（五洲交通），企业员工约1.55万人，其中管理人员6114人。广西交投集团是广西唯一获得3家国内评级机构给予AAA信用评级、第一家获得投资级（穆迪Baa2、惠誉BBB）国际评级的企业。2020年广西交投集团完成营业收入472.93亿元，实现利润总额10.67亿元。

截至2020年末，广西交投集团高速公路和一级公路项目共60个，建设总里程5327公里，概算总投资5401亿元，累计完成投资3217亿元，建成项目35个，新增通车里程3305公里，新增28个县通高速公路。高速公路管养里程4455公里，占全区高速公路的65.48%。筹措铁路建设广西地方配套资金1100亿元，助推广西进入高铁时代，高铁运营里程1792公里，目前主导投资建设南崇城际铁路、南玉城际铁路、崇左至凭祥铁路等5条铁路，代行广西方业主职责，推进黄桶至百色等2个铁路项目前期工作。

（四）项目推进过程

1. 交易商协会宣导与发行人决策

2019年3月，交易商协会在全国范围内就增强型并购中期票据进行了宣导。2019年5月，主承销商兴业银行向发行人广西交投集团提出发行方案，广西交投集团高度重视该项目，于同月提请公司董事会审议该项目注册及发行事宜，并通过董事会审议，最终出具董事会决议，同意向交易商协会申请增强型并购中期票据10亿元注册额度，并在有效期内择机一次性或分期发行。增强型并购中期票据主要用于偿还并购贷款、非全资子公司出资及补充流动资金等。在选定兴业银行作为本项目的承销机构后，广西交投集团与兴业银行针对增强型并购中期票据的具体用途进行了充分讨论，最终决定向广西交投集团的控股子公司广西新柳南高速公路有限公司增资，并最终用于柳州经合山至南宁高速公路项目资本金。2019年6月，广西交投集团向自治区国资委申请注册发行10亿元增强型并购中期票据，并于2019年7月获得自治区国资委批复同意。

2. 撰写募集说明书及注册

获得自治区国资委批复后，广西交投集团与兴业银行配合组织各中介机构撰写募集说明书、评级报告及法律意见书等注册申请材料，并于2019年8月向交易商协会提交增强型并购中期票据注册申请。交易商协会接收项目后第一时间组织人员对项目进行了沟通和讨论，广西交投集团与兴业银行全天候跟踪并反馈交易商协会的相关审核问题，对项目进行了详尽和充分的解释说明。交易商协会经过多次遴选，从全国范围内近30个同类型项目中，选取了广西交投集团的增强型并购中期票据作为交易商协会的重点项目进行审核推进。

经过多次反馈及材料补充，广西交投集团于2020年3月取得交易商协会的《接受注册通知书》（中市协注〔2020〕MTN147号），获批10亿元注册额度，注册有效期两年，成为全国首笔完成注册的增强型并购中期票据。

3. 发行筹备

取得注册通知书后，广西交投集团根据项目用款需要向兴业银行提出债券发行需求，兴业银行综合研判债券市场行情拟定债券发行计划，经过双方多次深入讨论，共同确定了募集资金金额、发行期限、发行时间窗口、发行价格区间、募集资金用途及资金划拨路径等。其中，资金划拨路径为：兴业银行在银行间市场通过公开发行的方式向合格机构投资人进行债券推介并完成簿记发行工作，取得的募集资金划到广西交投集团的募集资金托管账户，并由广西交投集团按实际需求划拨至下属子公司用作项目资本金的出资。

4. 第一期资金到位及使用

广西交投集团于2020年4月10日成功发行全国首单增强型并购中期票据暨首单服务国家重大战略并购中期票据，发行规模5亿元，发行期限5年，发行利率3.46%，创下广西区内近三年同期限同评级中期票据最低发行利率。

募集资金原计划只用于柳州经合山至南宁高速公路项目作为项目资本金，但突发的新冠肺炎疫情在一定程度上影响了广西交投集团各个项目的建设计划。因此广西交投集团第一时间组织相关部门进行沟通，最终决定由兴业银行向交易商协会申请募集资金用途变更，以确保疫情防控时期自治区各重大高速公路项目能够按质按量顺利推进。

经过与交易商协会的充分沟通，交易商协会为了满足广西交投集团推进自治区重大基础项目建设的需求，同意将募集资金用途改为向控股子公司广西新柳南高速公路有限公司及广西桂龙高速公路有限公司增资，并最终用于柳州经合山至南宁高速公路、桂林至柳城高速公路两个项目。其中0.51亿元用于向广西新柳南高速公路有限公司增资，4.49亿元用于向广西桂龙高速公路有限公司增资。

5. 第二期资金到位及使用

2020年10月30日，广西交投集团成功发行第二期增强型并购中期票据，发行期限3+2年，发行利率3.87%，募集资金用于向控股子公司广西桂龙高速公路有限公司增资，并最终用作桂林至柳城高速公路项目资本金。至此，广西交投集团圆满完成10亿元注册额度的发行工作。

二　创新点

（一）解决了并购项目的资金来源问题

增强型并购中期票据是广西交投集团借助交易商协会的创新驱动，结合企业在自治区重大基础建设项目的资本金融资需求，在满足公募债券发行条件的前提下，帮助企业在公开市场发行债券获得项目资本金融资，进一步拓宽项目资本金资金来源，成为自治区企业在资本金融资模式上的典范。

（二）推动了并购票据的结构创新

为落实党中央、国务院相关政策要求，进一步提升金融精准服务企业并购需求的质效，交易商协会在2014年7月推出并购票据的基础上，持续推动并购项目落地、机制完善和产品结构创新。广西交投集团通过此次项目实践，推动了并购票据支持的并购类型的持续拓宽，为并购交易类型全覆盖做出了历史性的贡献，有助于丰富债券市场品种，提升市场活跃度。这也是广西交投集团作为国有大型企业集团和交易商协会会员，配合交易商协会支持经济结构调整和产业整合，保障国家重大战略及项目合理融资需求的有益探索。

（三）开发了全新的债券承销模式

增强型并购中期票据是广西交投集团在公开市场发行债券以来，首只由股份制银行独立承销的债券，是广西交投集团充分发挥股份制银行创新能力和专业能力，丰富融资合作模式的重要突破。

三　应用价值

（一）展示了广西勇于创新的良好形象

全国首单增强型并购中期票据完成发行后，交易商协会及各大官方媒体通过官方渠道在全国范围内进行了宣传，交易商协会还多次在全国范围内的宣讲中引用本次并购中期票据作为经典案例。这有助于广西企业树立良好的市场形象，发挥引领市场创新的先锋模范作用，也凸显了广西政府及广西企业坚决支持“一带一路”倡议、面向东盟的金融开放门户建设、西部陆海新通道及广西自贸试验区建设的决心。

（二）为并购交通建设项目提供了示范

在全国范围内，高速公路、铁路等具有重大战略意义的大型基础设施建设项目，具有建设期限长和资金投入规模大等共性，项目启动及建设前期需要投入大量的项目资本金，因此企业需要通过其他渠道来解决自有资金投入以外的项目资本金缺口。增强型并购中期票据实现了将债务性资金转为股权性资金，有效解决了项目资本金短缺的难题，在一定程度上可以缓解财政压力，发挥放大杠杆撬动投资的作用，拓宽了有发行条件的企业在筹措资本金方面的融资渠道。

（三）为交易商协会并购票据机制完善及产品结构创新提供了实践支持

交易商协会在推进广西交投集团的全国首单增强型并购中期票据时，要求主体必须为央企、央企下属子公司或省级重点AAA级企业。但在广西交投集团完成本次增强型并购中期票据发行后，交易商协会鉴于在全国范围内所取得的轰动及示范效应，决定将适用范围进一步拓宽并进行试点。

2020年11月，交易商协会在与广西交投集团及兴业银行进行沟通后，听取了企业及主承销商的意见，结合未来债券市场的发展需求，将债券品种进行了较大范围的整合，并于2020年12月末正式推出了全新的产品体系——权益出资型票据。新的权益出资型票据是增强型并购中期票据的升级版，除了可向控股子公司增资外，也允许向全资子公司和参股子公司增资，并用作重大项目建设的项目资本金。本项目的成功发行对全国同类企业债券发行起到了先锋示范作用，为交易商协会并购票据机制完善及产品结构创新提供了实践支持。

本文主创团队：广西交通投资集团有限公司

执笔人：王小雪、赵芳玲

全国首创白糖“保险＋期货”县域项目助力罗城脱贫攻坚

自2010年中国—东盟自由贸易区建成以来，中国—东盟90%的贸易产品实现零关税，形成开放的服务贸易市场，农业及农产品加工业取得实质性发展。但随着世界经济贸易格局的改变，广西部分传统农产品加工业受到冲击，特别是广西糖蔗生产仍处于低水平发展状态，生产成本高于东盟其他产糖国家，糖蔗产业面临巨大的压力和挑战。开办白糖“保险＋期货”县域项目试点，可为蔗农规避农产品市场价格波动的风险，提升其应对农产品价格波动的风险管理能力；是支持广西建设面向东盟的金融开放门户，多方联动撬动金融服务广西“三农”发展，助力广西支柱产业在东盟开放性服务贸易市场取得优势地位以及广西精准扶贫的一次有益探索和尝试。

一　案例简介

（一）背景情况

1. 广西糖蔗产业的战略意义重大

广西以其得天独厚的地理区位优势和良好适宜的气候条件，成为全球最适合甘蔗生长的地区之一，也是全国最大的甘蔗产区。1992年起广西糖料蔗和蔗糖产量一直居全国首位，从2007年开始连续10年糖料蔗产量和食糖产量均占全国总产量的60%以上，食糖外销量占全国跨省贸易量的80%以上，在保证国家食糖有效供给和维护国家食糖安全方面起到不可替代的作用。糖蔗产业是带动广西国民经济发展的支柱产业，是产糖县地方财税收入的主要来源。

2. 响应国家和地方政策号召

多样化金融创新服务，助推地方特色优势产业发展的举措逐渐丰富。

2020年《中共中央、国务院关于抓好“三农”领域重点工作确保如期实现全面小康的意见》发布，明确提出“优化‘保险+期货’试点模式，继续推进农产品期货期权品种上市”。

2019年广西政府专门成立金融服务广西糖业高质量发展指挥部，旨在加快推动糖业“二次创业”，用好央行资金，助力涉糖领域发展，建立并完善风险防范机制，把金融服务广西糖业全产业链发展落到实处。

2019年罗城仫佬族自治县（以下简称“罗城县”）人民政府工作报告明确指出，“坚持把产业发展作为乡村振兴和脱贫攻坚的主抓手，基本实现扶贫产业对贫困户的全覆盖”。2020年罗城县政府印发《罗城仫佬族自治县糖料蔗良种良法技术推广工作实施方案》，促进蔗农脱贫增收，夯实糖业发展基础，推动糖业高质量发展。

为响应国家、广西及罗城县政府对应用金融工具助力产业扶贫的号召，中国人民财产保险股份有限公司广西壮族自治区分公司（以下简称“人保财险”）联合期货公司在广西罗城县开展白糖“保险+期货”县域全覆盖项目试点。

3. 罗城县糖蔗产业基础

项目开展地罗城仫佬族自治县是国家级贫困县，是全国唯一的仫佬族自治县，也是广西挂牌督战的8个深度贫困县之一，有贫困人口2315户6509人、未出列贫困村19个，贫困发生率为2.21%。贫困面广、程度深，脱贫攻坚任务十分艰巨。糖蔗产业是罗城县经济的重要支撑，白糖的价格直接影响蔗农的收入。据统计，罗城县141个行政村

（社区）中有 89 个村种植糖料蔗。

4. 罗城县糖蔗产业风险管理现状

2019 年 2 月 24 日，广西壮族自治区人民政府研究出台了《关于深化体制机制改革加快糖业高质量发展的意见》（桂政发〔2019〕8 号），对全区糖业今后 4 年的改革发展工作进行了全面部署。该意见中明确要求要完善糖料蔗购销市场机制，坚持市场化取向、打破地域界限、防止画地为牢，从下一榨季起全面推行规范化订单农业，实行订单合同备案制，由制糖企业和糖料蔗种植主体签订订单合同，订单双方自负盈亏。订单合同是糖业体制机制改革的核心内容，也是改革的难点和焦点。目前凤糖、南糖、东亚等糖企都在实施订单农业，但是由于市场主体主动进行风险管理的意识和能力不足，订单农业机制还不够完善，订单合同双方主体作用发挥不够充分。

（二）主要做法

1. 项目服务对象

本项目服务对象为罗城县甘蔗种植农户，覆盖全县甘蔗种植面积 110988.8 亩，对应白糖现货量 52164.74 吨，覆盖全县 5628 户蔗农，为其提供 2.67 亿元的价格风险保障。蔗农免交保费，全额由郑州商品交易所（80%）和期货公司（20%）补贴。

2. 前期调研工作

2020 年 3 月，项目团队在罗城县开展实地调研。受新冠肺炎疫情、暴雨洪灾等影响，蔗农无法进行正常的甘蔗种植、收割；同时，自 2020 年 1 月以来“郑糖”主力合约经历了大幅下跌，食糖价格过低的市场环境也极大影响了蔗农种植及销售甘蔗的积极性，蔗农的收入无法得到保障。因此，2020 年的白糖“保险 + 期货”县域全覆盖项目受到罗城县政府的高度重视，项目成果对抗击疫情、洪灾，助力脱贫攻坚决胜之战至关重要。

3. 各方合力运作

保险公司方面：主要负责项目申报、保险产品开发、统筹管理、保险承保、保险理赔、利用当地资源协调完成项目相关的宣传与培训等。

期货公司方面：积极配合保险公司进行项目申请、管理、场外期权对冲。

当地政府方面：为项目提供政策指引，罗城县政府指派县糖业局成立项目管理专项小组，推动白糖价格保险试点工作纳入相关部门扶贫工作日程，调动各方力量深入推进工作，积极引导贫困蔗农投保，为项目落地提供保障。

各方通力合作，职责明确，共同推进项目实施。保险公司与期货公司结合2020年市场行情与蔗农实际需求，为蔗农量身定制符合产业发展需求的白糖期货价格保险及场外期权对冲产品，并征求当地政府、农户代表及其他项目合作方的意见、建议，最终形成本项目2020年实施方案。

项目启动、运行及终止阶段，各方及时向项目组成员沟通汇报进度，使相关主体能全程对行情变化及某一时刻对应的保单价值有充分了解，保障项目的顺利开展（见图1）。

4. 项目运作流程

本项目模式为“保险＋期货”模式。即当地龙头蔗糖加工企业与蔗农签订甘蔗购销合同，从蔗农处以固定价格收购甘蔗；同时，蔗农向保险公司购买白糖期货价格保险产品，以应对后期价格上涨带来的实际收益减少的风险；保险公司再向期货公司风险管理子公司购买对应场外期权产品，转移赔付风险，期货公司风险管理子公司通过在期货市场上复制期权的操作，形成风险分散的闭环。

（三）取得成效

2018年，在郑州商品交易所以及广西壮族自治区罗城仫佬族自

图1　广西壮族自治区罗城仫佬族自治县白糖“保险+期货”县域全覆盖项目签约仪式

治县人民政府的全力支持下，由人保财险、南华期货股份有限公司、永安期货股份有限公司、新湖期货股份有限公司四家金融机构携手承做的广西壮族自治区罗城仫佬族自治县白糖“保险+期货”县域全覆盖项目成功落地，为罗城县6164户蔗农提供了2.9亿元的价格风险保障，当年保单赔付金额743.67万元，户均赔款1210.01元（见图2）。

2019年，四家金融机构在2018年项目成功实施的基础上对方案进行优化，通过增强型亚式期权结构进一步保障罗城县当地蔗农种植收入，助力罗城县脱贫攻坚工作的开展。为罗城县5935户蔗农提供了3.0亿元的价格风险保障，当年保单赔付金额335.00万元，户均赔款564.45元。

2020年，四家金融机构再次聚首，开展第三期白糖“保险+期货”县域全覆盖项目，为罗城县5628户蔗农提供了2.7亿元的价格风险保障，当年保单赔付金额677.00万元，户均赔款1202.91元。

连续三年，本项目累计实现赔付1755.67万元，为当地蔗农的收入

图 2　广西壮族自治区罗城仫佬族自治县白糖“保险 + 期货”县域全覆盖项目赔付仪式

提供了最直接、有效的服务，在稳定当地糖蔗种植面积以及食糖产业发展方面起到了至关重要的作用。试点项目取得的良好经济效益和社会效益，为罗城县及仫佬族脱贫事业做出了贡献，得到了罗城县政府的高度评价。

二　创新点

（一）“保险 + 期货”模式的创新

“保险 + 期货”是保险公司与期货公司跨行业合作的创新模式，它是基于为农业经营者提供价格避险工具发展而来的。

当前，农产品价格变动是影响农户收益的重要因素之一，农户直接通过期货市场进行市场风险管理需要较强的专业知识、操作经验以及资金保障，这对于农户来说障碍较大。农户或企业想要规避市场价格风险，可向保险公司购买期货价格保险产品，保险公司通过向期货经营机构购买场外期权产品将风险转移，期货经营机构利用期货市场进行风险对冲，最终实现将农户所面临的价格风险转移至期货市场，有效地完善了农业生产经营者与期货市场之间的连接机制。这一机制是农户面临的价格风险与期货市场之间的传送带，合理地利用和发展可以更好地发挥期货市场的风险管理功能。

“保险＋期货”模式将期货公司对冲价格波动风险的专业能力，与保险公司丰富的保险产品研发经验和保险客户基础优势相结合，既发挥了期货公司的专业能力，为服务“三农”、服务实体经济寻找到了新的途径，又丰富了保险产品的种类。

（二）保险产品与期权设计方案创新，提高保障效果

1. 结合当地糖蔗“订单农业”实际

罗城县2020年糖蔗收购保底价为490元/吨，蔗农售糖已有托底价。在此情况下，一方面传统看跌价格保险对于蔗农而言投保意义较为有限，另一方面基于对2020年白糖行情的预判，经过研究决定为蔗农提供看涨价格保险。白糖价格下跌时已有490元/吨的价格兜底，若白糖价格在保险周期内上涨，蔗农可以通过保险产品获得赔付。该方案设计能够有效激发当地蔗农种植积极性，维护罗城县糖蔗产业稳定。

2. 对白糖期货市场的科学研判

白糖是所有因新冠肺炎疫情影响而价格暴跌的品种中唯一没有因消费下降而大幅垒库的品种，不符合商品下跌的基本逻辑。2020年7月，市场交易采取的是进口政策完全放开、现货暴跌向盘靠拢来修复基差的最悲观逻辑，且国内产销区价格基本维持在每吨5400元这一水平，没有下跌的动力。期货公司白糖品种相关研究人员提供的分析数据显示，2020年7月白糖期货基差还有300元，预估2020年下半年国内白糖大概率走基差向上修复和反弹之路。

因此在以往增强型亚式期权的基础上，基于保护蔗农收益的基本理

念，结合2021年行情特点，为蔗农设计了看涨期权结构的单向赔付保险方案，让蔗农在行情上涨时可以规避以较低固定价格销售甘蔗造成的预期收益损失的风险。

3. 升级改良保险产品

本保险产品采用改良的亚式结算结构，降低了保险费率和市场对白糖价格震荡的冲击风险。同时，理赔结算价格采用增强型的均值计算方式，即在保险期内，若收盘价高于目标价格，则取收盘价作为当日的理赔结算价格；反之，则取目标价格作为当日的理赔结算价格，被保险人最终的理赔结算价格为保险期间各个交易日当日的理赔结算价格的算术平均值。在保险到期时，若被保险人的理赔结算价格高于目标价格，则其获得对应理赔额。只要白糖收盘价格在保险期内有高于目标价格的情况发生，被保险人就可以获得赔付。

（三）有效控制成本水平，目标效用最大化

一般而言，保障效果好坏与成本水平高低成正比。尽管如此，也要在着重考虑保障效果的前提下，尽可能探索各种办法有效控制成本水平，以实现效用最大化。本次项目采用的增强型亚式看涨期权结构在一定程度上能够尽可能地节省保费成本，从而提高项目整体资金使用效率，最大化项目扶贫效果，提升项目整体质量。

（四）运作模式进一步创新升级，为蔗农提供更全面的保障

人保财险目前已同罗城县所在地市河池市政府签订全面扶贫合作协议，在金融扶贫、支农融资、人保财险普惠金融扶贫方面进行合作与探索。同时，此次项目与订单贸易相结合，构建“保险 + 期货”模式，旨在整合各方资源力量，为蔗农提供最为符合产业实际的保障与服务，助力地方产业发展和贫困蔗农实现脱贫致富。

三　应用价值

（一）助力罗城县打赢脱贫攻坚决胜之战

该试点项目覆盖罗城县全县甘蔗种植户，采用金融惠农、订单贸易等多举措并行的方式，为当地蔗农提供全方位价格风险保障，增强蔗农抵抗价格风险能力，稳定蔗农收入，提高蔗农种蔗积极性，稳定甘蔗种植规模。该项目赋予了“保险＋期货”模式更多的内含价值，使蔗农尤其是贫困户有了新的、更坚固的价格保障。稳定甘蔗种植规模，就是稳住了罗城县支柱产业的基础，助力罗城县政府深度挖掘糖蔗产业潜力，使之成为罗城县脱贫攻坚的又一利器，也为未来罗城县乡村振兴打下良好基础。

（二）提升糖蔗产业链价格风险管理能力

通过利用保险公司和期货公司金融服务优势，持续探索融合产业、金融等多方主体资源的金融服务创新方式，打通数据孤岛，化解、拉低各方的风险和成本，实现产融更加有效地结合，切实提升糖蔗产业链价格风险管理能力，实现共享共生共赢。该项目通过政府、保险、期货多方深入合作，在复产复工脱贫攻坚关键时期推动了白糖产业链稳健发展，此外，糖蔗产业链云平台建设也将进一步提升糖蔗产业信用评级，吸引更多资源进入广西农业领域，支持广西面向东盟的金融开放门户建设。

（三）形成金融服务示范效应，为扩大规模积累经验

2020 年是罗城县白糖期货价格保险县域全覆盖的第三年，通过延续试点，罗城县一是形成了单一地区规模化试点的示范效应；二是积累

了扩大规模实施“保险+期货”模式的经验，进一步验证了该模式在一定周期内大规模操作的可行性和有效性，将“保险+期货”模式由试点化逐渐推进成常规化；三是实现了金融保障前端与产业管理后端的有机结合，“保险+期货”是保护伞，是前端的金融保障，可提升蔗农市场风险管理能力，与生产、管理、销售等产业管理后端相结合，能更好地促进蔗农收蔗，切实提高蔗农收入。

本文主创团队：中国人民财产保险股份有限公司广西壮族自治区分公司
郑州商品交易所
南华期货股份有限公司
永安期货股份有限公司
新湖期货股份有限公司
执笔人：陈扬琪、朱志堂

广西首笔一级市场“债券通”落地

2020年8月5日，交通银行股份有限公司广西壮族自治区分行（以下简称“交通银行广西分行”）助力广西壮族自治区政府以“债券通”方式向境外分销债券，联动境外机构投资者交通银行澳门分行率先认购7年期地方政府债券1000万元，实现广西首笔一级市场“债券通”业务，标志着广西地方政府债券“走出去”，是首个引入境外资金投资广西地方政府债券的成功案例，开创了境外机构投资者投资广西地方政府债券的先河，增强了广西金融市场对境外投资者的吸引力，是地方债券投资主体趋向多元化的生动体现。与此同时，该业务丰富了人民币资产品种，有助于提升跨境人民币结算在国际收支中的占比，助推人民币国际化进程。

一　案例简介

（一）背景情况

《广西壮族自治区建设面向东盟的金融开放门户总体方案》指出，广西建设面向东盟的金融开放门户的主要任务之一是加快推进跨境人民币业务创新。交通银行广西分行紧紧围绕服务实体经济、深化金融改革等目标，积极发挥业务全牌照和布局国际化的双重优势，加快推进跨境人民币业务创新，支持广西新兴产业和政府重大项目融资、经济结构调整和产业升级，多渠道拓宽融资来源，有效降低企业融资成本。2017年，中央政府研究制定了粤港澳大湾区发展规划，推出了内地和香港之间的“债券通”。“债券通”是内地与香港债券市场互联互通的创新合作机制。2017年3月，“北向通”正式开通，投资者通过“北向通”可实现在香港买卖内地债券，为投资者参与银行间债券市场提供了便捷通道。但此时主要是通过二级市场（又称“债券流通市场”）买卖转让已发行债券，直到2019年2月，“债券通”一级市场信息平台正式上线，投资者才可以在一级市场参与债券发行，这进一步推动了境外投资者进入境内债券市场。

（二）主要做法

2020年1月6日，交通银行广西分行与南宁市政府共建广西（南宁）金融创新联合实验室，旨在运用建设面向东盟的金融开放门户、自贸试验区、陆海新通道等政策，支持试点配套金融创新，深度融入区域建设发展。

2020年以来，交通银行广西分行依托广西（南宁）金融创新联合实验室进行了一系列跨境人民币便利化创新尝试，并落地了多项广西首笔业务。一是便利化创新。2020年4月29日，办理广西自贸试验区南宁片区首笔NRA账户人民币贸易融资业务3000万元；2020年10月13日，办理广西首笔离岸跨境全口径融资项下资本项目外汇收入支付便利化业务1.57亿港币；获批南宁首家贸易外汇收支便利化试点银行，于2020年11月初实现服务贸易、货物贸易项下便利化试点业务“双落地”。二是跨境人民币双向流动创新。2020年5月28日，联动交通银行首尔分行办理广西首笔跨境人民币双向融资8900万元。三是落地中马钦州产业园区金融创新试点。为推动该试点业务落地，前期交通银行广西分行做了大量工作，积极申报成为试点银行，并与园区内企业、马来西亚当地金融机构深入沟通合作，最终促成总行与马来西亚联昌银行在东博会签订中马跨境人民币金融创新试点合作意向书。四是依托五位一体账户体系，为境内外企业提供本外币、离在岸一体化优质服务。交通银行是全国唯一一家同时拥有境内传统账户、境外机构境内外汇账户（NRA）、自由贸易账户（FT）、离岸账户（OSA）、创新离岸人民币账户“五位一体”账户体系优势的国有商业银行。截至2020年末，累计为64家境外企业开立离岸外币账户，为离岸客户提供跨境汇款、信用证收付汇等结算业务达3.65亿美元，支持境内实体经济投放离岸跨境全口径融资逾0.88亿美元。

创新永不止步，交通银行广西分行持续探索研究跨境人民币业务创新的新途径，发现广西在“债券通”业务领域停留在银行间债券市场的买卖、一级市场“债券通”业务仍未突破后，立即跨部门成立工作突击小组，组织学习相关政策文件，确认目标客户，积极沟通广西壮族自治区财政厅和交通银行澳门分行寻求业务契机。

（三）取得成效

通过总分、境内外协同联动，2020年8月5日，交通银行广西分行成功引入境外投资资金，率先认购7年期地方政府债券1000万元，带动跨境人民币业务量1000万元，落地了广西首笔一级市场“债券通”业务，引入的境外资金直接投资于广西地方政府债券，支持广西地方基础建设。

二　创新点

（一）引入境外资金投资地方政府债券，助力地方建设

为支持广西实体经济发展，助力面向东盟的金融开放门户建设，交通银行广西分行引入境外投资资金，用于支持广西地方建设，积极落实稳外贸、稳外资等各项工作，推动广西经济实现高质量发展。

地方政府债券是保障经济稳步增长的有力支撑。政府债券在保持较大财政投入力度和支出强度、保障地方经济增长方面发挥了重要作用，

成为扩内需、稳增长的有效手段。2020 年，为积极对冲新冠肺炎疫情造成的财政减收增支影响，稳定并提振市场信心，国家将赤字率提高到 3.6% 以上，安排一般预算赤字 3.76 万亿元，同比增加 1 万亿元。这些赤字均通过发行国债和新增地方政府一般债券进行弥补。自地方政府债券全面实行自发自还以来，中国新增地方政府专项债券的发行速度也始终保持在高位。政府债券发行规模的扩大，促进了积极的财政政策更加积极有为。

地方政府债券是推进供给侧结构性改革的重要途径。政府债券对“一带一路”建设、京津冀协同发展、长三角一体化发展、粤港澳大湾区建设，以及脱贫攻坚、生态环保、教育医疗等重点领域公益性项目建设颇有助益，此外，政府债券还有力地推动了在建基础设施项目建设。同时，政府债券在扩大有效供给、补齐发展短板、积蓄发展新动能、提升经济质效、推进供给侧结构性改革方面发挥了重要的财政调控作用。

地方政府债券是基建补短板的有效手段。将地方政府专项债券作为重大项目资本金，可吸引金融机构、民营资本等参与基建投资，起到“四两拨千斤”的作用。2020 年前 8 个月，以地方政府专项债券作为资本金的项目共计 631 个，所涉及项目的资本金达到 1974 亿元，主要支持铁路、收费公路、轨道交通、机场建设等交通基础设施领域建设，若按 4 倍的杠杆率计算，则可撬动约 6000 亿元的社会资本。地方政府债券是实施积极财政政策的重要工具，担负着宏观经济调控的重要职能，同时，也为加快地方重点项目建设和经济社会平稳运行提供资金保障。

地方政府债券是境外资金投资新高地。中美利差的不断扩大，人民币国际化进程的加快，促使更多外资机构加入国债承销团，吸引外国投资者参与地方政府债承销和交易，不断推动地方政府债纳入国际主流指数，促使境外投资者持续加大对政府债券的投资力度。地方政府债券信用等级较高，能够满足全球增持人民币资产的需求，增强了人民币债券融入全球债券市场的竞争力。

（二）创新开展广西首笔一级市场“债券通”

债券市场是金融市场的重要组成部分，不仅具有企业融资、资产定价等微观功能，还有优化融资结构、促进要素价格市场化、改善货币政策传导等宏观功能。“债券通”为境外投资者配置境内债券资产提供了更为便捷的“快车道”，为境内债券市场带来更多元的投资者结构、更多样的资金来源和更丰富的配置理念。通过在全球范围内引进吸收、集聚资源、促进竞争，提升了债券市场的投融资水平，促进了债券市场基础性制度优化，将利率汇率市场化改革推向深化，发挥了债券市场的价格发现功能，增强了人民币的吸引力和国际竞争力，对促进我国国际收支平衡和宏观经济金融稳定发挥了重要作用。

近年来，境内债券市场对外开放程度不断提高，投资者类型越来越多元化，但广度和深度仍然有待进一步拓展。交通银行广西分行加大金融创新力度，发挥渠道及牌照优势，创新开展广西首笔一级市场“债券通”业务，填补了广西在该领域的空白。

（三）境内外分行联动打通人民币跨境投债新通道

交通银行致力于发展成为一家国际业务优势明显、提供全球金融服务的国际一流银行。国际化布局在同业中居于前列，已初步建立起“以亚太为主体、欧美为两翼、拓展全球布局”的境外银行机构布局。作为国有商业银行中唯一具有离岸业务经营资格的银行，交通银行在业务规模、市场占比等方面均占据重要地位。同时获准在新疆霍尔果斯设有离岸人民币业务经营机构。作为自贸试验区金融改革的“先行者”，交通银行高度重视自贸试验区建设，通过发挥国际化、综合化经营优势，致力于为客户提供专业化、便利化、精准化的综合金融服务。经过多年的不断探索和总结，逐步形成了包括自贸结算、自贸投融、自贸汇兑、自贸财富、自贸离岸、自贸 E 区等六大领域在内的产品服务体系，紧跟自贸试验区金融创新政策，着力打通境内外、区内外、本外币的双向资金流通渠道（见图1）。

图1　线上+自贸金融服务

交通银行广西分行积极为广西区内客户的国际贸易和跨境投融资活动提供多样化服务，全力支持面向东盟的金融开放门户以及广西自贸试验区建设。此次认购广西地方政府债券，就是总分行、境内外协同联动的成功案例。在总行全力支持、澳门分行积极配合之下打通资金及账户互联机制，实现率先认购7年期地方政府债券1000万元，标志着广西地方政府债券“走出去”，也增强了广西金融市场对境外投资者的吸引力。

三　应用价值

（一）首次引入境外投资资金助力地方建设

地方政府债券在基建补短板方面发挥的作用显著，用好地方政府专项债券，扩大有效投资，将形成对经济的有效拉动。此次引入的投资资金将直接投向广西基础设施建设、产业园区建设等领域，精准有效地支持广西地方经济建设。

（二）创新跨境人民币投资模式，提供可复制、可借鉴经验

率先在广西市场开展境外机构投资一级市场“债券通”，与在“二级市场”买卖已发行的债券不同，此次直接参与债券发行，填补了广西在跨境人民币金融市场投资领域的空白。同时，为其他同业提供了可复制、可借鉴的经验，后期批量的推广应用，将使广西跨境人民币业务由结算、融资向投资领域深化发展，从而推动广西跨境人民币业务量和质的同步提升。

（三）推进内联外通建设，提升通达水平

交通银行广西分行积极围绕“三大定位”新使命、“五个扎实”新要求，立足广西独特的区位特点，努力参与构建面向东盟的国际大通道。此次认购广西地方政府债券，是在各方积极配合之下打通资金及账户互联机制，实现的互联互通。交通银行广西分行以构建“南向、北联、东融、西合”的全方位开放发展格局为己任，展现了国有大行的责任担当。

本文主创团队：交通银行股份有限公司广西壮族自治区分行
执笔人：戴小玲、农韦静

中资银行首笔康拓区块链信用证

在疫情全球蔓延的特殊背景下，如何利用金融科技帮助企业解决国际贸易单据信息传输、转递等困难，满足客户时效性需求，是银行国际业务部门一直在思考和努力探索实践的问题。2020 年 7 月，中信银行股份有限公司南宁分行（以下简称“中信银行南宁分行”）成功在知名区块链平台 Contour（译为康拓）为广西重点民营制造企业广西盛隆冶金有限公司（以下简称“盛隆冶金”）开立一笔区块链人民币进口信用证，支持企业从铁矿石巨头——澳大利亚力拓集团新加坡公司进口铁矿石。既为企业跨境贸易结算提供了全流程数字化解决方案，满足了企业的时效性需求，也提升了银行国际业务综合服务水平，为促进人民币跨境使用、拓展进口信用证信息交换新渠道、探索单据电子化起到了正面示范效应。

一　案例简介

（一）背景情况

传统的国际贸易单据交接方式采用快递纸质单据，耗时长且易丢失、损坏，在新冠肺炎疫情的影响下，纸质单据交接的局限性日益显现。进口货物已经到达港口待提，但纸质单据（含提单）却无法及时到达开证行，造成进口商无法及时提取货物并产生高昂的滞港费等一系列额外费用，加重了进口商的经济负担。科技金融的数字化、智能化、移动化势不可当，中信银行发挥在国际业务领域拥有的传统优势，通过专业的国际业务团队、快捷的反应速度，于2020年7月，成功在Contour区块链平台为铁矿石进口商盛隆冶金开立人民币进口信用证，金额为1.186亿元人民币，此为境内中资银行首单基于区块链技术的进口信用证试点业务，也是全程无纸化的铁矿石人民币结算交易，同时基于区块链技术的数字化方案解决了传统贸易金融中对纸质文档高度依赖的痛点。

Contour区块链平台由中国信托金控（CTBC Holding）、荷兰国际集团（ING）、法国巴黎银行（BNP Paribas）、曼谷银行、瑞典北欧斯安银行（SEB）、花旗银行、渣打银行和汇丰银行（HSBC）八家金融企业于2018年成立，通过与主流第三方解决方案的集成，实现从合同约定、信用证开立、议付、修改到交单、提货的全程无纸化操作。Contour区块链平台是一种可供国际结算的进口信用证电子化的操作平台，它的使用基于Corda的商用区块链技术，首次将银行、公司和物流合作伙伴汇聚到同一个网络平台之中，成功实现整个信用证流程的数字化。银行、企业和技术伙伴应邀加入Contour网络，每个参与方都可独立管理自己的数据和用户权限。商用分布式网络使得各个贸易参与方可以看到贸易融资交易（比如信用证）的实时状态。据悉，已上线的产品为信用证，后续将上线其他传统贸易融资产品。

中信银行落地该笔业务之前，Contour区块链平台已在亚洲、中东和欧洲开展了15笔真实有效的试点交易。当时该平台处于全球推广阶段，试用版可以免费使用。2021年1月1日，正式版（收费）才发布上线。因此在中国境内，中信银行确实是首家试用该平台开立信用证服务客户的中资银行。

（二）主要做法

1. 对客户需求高度重视及快速响应

2020年6月下旬，中信银行南宁分行在对重点客户盛隆冶金的日常走访时，发现企业财务负责人正在寻找银行通过康拓区块链平台开立一笔以跨境人民币结算的进口信用证，用于向国际矿山公司（力拓集团）进口铁矿石。中信银行南宁分行业务人员敏锐地察觉到此项业务的重大意义所在。区块链进口信用证是银行国际业务中一种新业务模式，属于金融创新范畴，这不仅仅会加深与客户合作的黏性，起到良好的示范效应与创新效应，更是为推进跨境人民币在大宗商品中的结算使用贡献一份力量，体现中信银行推进人民币国际化进程的“担当”，也是落实《广西壮族自治区建设面向东盟的金融开放门户总体方案》中“推动面向东盟的跨境金融创新。加快推进跨境人民币业务创新，扩大人民币在对外贸易、直接投资、跨境融资中的使用”文件精神的重要体现。

客户在向中信银行咨询之前，已联系了多家银行。中信银行南宁分行国际业务主管部门获悉后，经快速协商及请示，迅速向客户表达了强烈的合作意向，并表示一定整合全行资源，尽最大努力以最快速度促成业务落地。

2. 总分支行密切高效联动为业务开展扫清障碍

康拓区块链进口信用证颠覆了之前的业务模式，在国内银行中没有先例。一直以来，在全球范围内，信用证信息绝大多数是通过环球银行金融电信协会（SWIFT）来进行信息交互，仅有极少数可能采取纸质形式开立。要想突破一个多年的、固化的业务模式，对银行来说，不是一件容易的事，它涉及监管报备、行内规章制度及业务流程梳理、多个相关部门密切配合，必须要有担当的勇气和决心。

该笔业务从总行到分行都高度重视，相关部门密切配合，尤其是总行各相关部门（国际业务部、法律保全部、合规部、信息技术管理部、办公室）的领导和骨干，不遗余力地开展相关工作，付出了艰辛的劳动，在短短十几天之内，完成了跨境合同法律审查、监管报备、合规送审、拟定操作流程、业务演练等复杂工作，克服了多个看似不可能在短时间内攻克的困难，最终使业务在客户要求的时间内落地，获得客户的高度肯定，是一次总分支行高效联动的成功典范（见图1、图2）。

图 1　中信银行南宁分行相关部门和支行商讨康拓区块链信用证业务流程

图 2　中信银行总行金融产品 IT 创新实验室对康拓区块链信用证进行技术讨论

3. 银行与监管部门密切沟通汇报获取支持

此次业务顺利推进，还得益于中信银行总分行与监管部门的密切沟通以及监管部门的支持。

由于涉及使用新技术，业务系统、流程与之前模式有较大变化，其安全性、合理性需要得到监管部门的认可，为谨慎起见，中信银行第一时间履行监管报备手续。首先，分级进行监管报备。中信银行南宁分行向中国人民银行南宁中心支行科技处和跨境办报备，总行向银保监会统计信息与风险监测部报备。其次，总分行与监管部门密切沟通。除了正式行文向监管部门报备，中信银行还多次组队到监管部门沟通汇报业务进展。中信银行南宁分行得到中国人民银行南宁中心支行科技处和跨境办的悉心指导和大力支持，科技处专家建议中信银行南宁分行要注意了解平台的安全措施、做好客户信息保护、付款时不可使用代币形式等；跨境办领导和专家鼓励中信银行南宁分行加大对实体经济的支持、开发更多适合客户需求的创新产品，尤其是可以在促进人民币跨境使用及回流等方面做更多尝试。在总行层面，技术部门与银保监会统计信息与风险监测部保持密切沟通，随时反馈和商讨相关技术细节，最终达成一致意见，业务顺利开展。

（三）取得成效

1. 全程数字化满足企业时效性需求

铁矿石贸易是卖方市场，出口商一般坚持在收到信用证后才会考虑发货。康拓区块链平台可以实现信用证及相关单据的线上“秒跑”，该笔信用证从开出到出口商发货、货物抵达目的港并清算货款、提货清关，用时不到30天，高效完成了交易，满足了企业结算时效性需求，企业对中信银行的服务效率高度肯定。

2. 通过此业务带动与客户的全面合作

该笔业务的进口商盛隆冶金是中国500强企业，在广西民营企业中排名第一，是各家银行激烈竞争的对象。在此之前，盛隆冶金与中信银行业务合作不多，仅有少量汇票贴现业务。此次顺利合作康拓区块链信用证让客户看到了中信银行的实力以及专业、快捷、灵活的服务理念，通过该业务的带动，盛隆冶金在中信银行的业务种类及业务量显著增加，2020 年累计在中信银行办理代发工资人数 1.2 万人，涉及金额 1.4 亿元。接着又成功开展信 E 池（票据池）业务，2020 年累计融资 3.6 亿元，同步带动结算存款 3.6 亿元，该笔业务也创下中信银行南宁分行信 E 池业务单笔及累计融资量之最。同时盛隆冶金又陆续在中信银行办理了票据贴现，2020 年累计贴现 7.4 亿元。双方进入全面合作佳境。

3. 进一步提升银行国际业务综合服务水平

此业务的成功办理是中信系统内上下秉持积极心态，拥抱新技术、勇于变革、密切联动的结果，优化了传统的银行国际结算模式，提升了银行国际业务综合服务水平。业务落地后，得到客户的高度肯定，中信银行以此为契机加深了与客户的全面合作。同时，该笔业务激励了中信银行继续营造创新氛围，深度释放创新活力，坚持“以市场为主”的根本性原则，做实体经济的忠实服务者。

二 创新点

（一）创新了传统信用证开立模式

信用证是国际结算（汇款、信用证、托收）中的一种重要方式，对跨境贸易买卖双方顺利完成交易起着至关重要的作用。当今全球跨境支付和结算系统中，占据主要地位的是 SWIFT 系统，全球绝大多数国家和地区的金融机构均通过这一系统来完成跨境结算。传统的信用证也绝大多数是通过 SWIFT 系统开立的。康拓区块链信用证相当于创新了传统信用证开立模式。

（二）交易各方在线实时沟通方便快捷

Contour 使用商用区块链技术，致力于实现整个信用证流程的数字化，推动企业客户的贸易数码化。对于进口企业而言，能在信用证开立前，通过平台进行即时沟通（类似于微信群的在线沟通），实现在线协调信用证草本，将会大大提高交易双方沟通的效率，提高信用证的准确度，防止意外错误，企业也能即时追踪交易，提升透明度。同时，各个信用证交易环节都在同一界面下进行操作，流程简便。对于银行而言，为客户提供全数码化的信用证终端对终端结算程序，不仅可以缩短结算时间、减少行政文书工作，还可以简化复杂的交易流程。Contour 区块链平台可以连接到所有银行客户及贸易合作伙伴，状态追踪及更改一目了然，提交更改申请时各方在线沟通极其便捷，提升了客户体验。这些都是原来的模式无法比拟的。

据有关专家分析，基于区块链的跨境结算系统有如下优势：交易可实时快速验证与审批、账本难以篡改、资金可追溯、容易审计等。在未来有望实现“记账即交易、交易即清算”，甚至可以通过引入智能合约实现满足条件自动支付，最大程度上提升支付清算的效率，降低风险和成本。

（三）数字化方案解决了传统贸易中对纸质单据依赖的痛点

Contour 区块链信用证的另一重要创新点在于 Contour 与全球无纸化贸易解决方案开发公司 essDOCS 及提单电子登记组织 Bolero 合作，可以在 Contour 区块链平台直接完成提单的质权转让，开证申请人凭电子提单可以顺利提货报关，无须国际快递寄送提单，实现了相关流程的直通式处理。本案例中，信用证的开立、通知、交单、到单、放单（含电子提单）均在 Contour 区块链平台完成，进口商在线上接到提单后可以直接提交船公司放货，突破了传统纸质提单交接的方式，解决了传统贸易中对纸质单据依赖的痛点，是支持疫情防控和便利企业涉外业务开展的一种创新业务模式。

三　应用价值

（一）促进人民币跨境使用，为提升人民币国际地位发力

本次基于区块链技术的交易是铁矿石国际贸易领域以人民币结算的全流程无纸化交易，是一次重要的离岸人民币跨境电子结算尝试，未来很可能会有更多行业的国际贸易会基于区块链系统实现跨境结算。

一直以来，铁矿石贸易作为卖方市场，都是用美元结算。Contour区块链平台支持跨境人民币业务，通过信息交互，能够提高跨境贸易的效率，推动跨境人民币贸易交易，有效推进人民币国际化，推动中国与周边国家和地区经贸关系的发展。同时，有助于企业降低汇兑交易成本，帮助企业规避汇率波动风险，加快企业资金运转速度，提升企业国际竞争力。中信银行将携手企业积极推动人民币信用证跨境结算从试单走向常态化，为稳妥渐进提升人民币国际地位做出贡献。

（二）拓展进口信用证信息交互新渠道

传统的进口信用证信息交互依赖于SWIFT系统，它是国际金融体系重要的基础设施，每个银行都离不开它。康拓平台使用的是区块链技术，是金融科技数字化的应用，全程无纸化、点对点，是拓展进口信用证信息交互新渠道的一个颇有前景的尝试，为银行国际业务和进出口企业贸易结算的信息交互提供了一个新的选择思路。从全球来看，目前使用区块链系统进行国际贸易跨境结算的规模还比较小，尚未大规模应用，仍处于探索阶段，但是正在引起越来越多金融机构和贸易企业的关注。

（三）利于启发国内“跨境金融区块链服务平台”开拓更多应用场景

该业务在业内形成了一定的示范效应，业务落地以来，国内对康拓区块链信用证的了解逐渐加深，据媒体报道，2021 年 3 月，工商银行厦门分行运用康拓区块链平台（正式版）为厦门国贸开立了一笔金额为 2 亿元的跨境人民币进口信用证。可以预见，今后区块链信用证将被越来越多家银行和企业熟知和运用。

此外，该模式也对国内“跨境金融区块链服务平台”开拓更多的应用场景起到启发作用，当前，国家外汇管理局“跨境金融区块链服务平台”还未实现进口方向的应用场景。随着了解和运用区块链信用证的银行及企业的增多，各银行将全面对接创新场景建设，动态掌握外贸企业的经营状况和业务诉求，并结合中信银行跨境业务开展的有效实践，配合国家外汇管理局积极探索推进“跨境金融区块链服务平台”创新场景建设，谋划产品对接，完善配套服务，挖掘潜在客户，畅通业务发展路径，推动跨境贸易投资便利化，支持贸易新业态发展。

本文主创团队：中信银行股份有限公司南宁分行
执笔人：陈春梅

中国—东盟跨境征信服务平台

为积极响应《广西壮族自治区建设面向东盟的金融开放门户总体方案》“加强跨境征信合作”关于鼓励国内征信机构与东盟同业机构合作，为中国和东盟各类经济主体投融资活动提供征信服务的号召，中国人民银行防城港市中心支行与广西联合征信有限公司联合搭建了广西首个面向东盟的跨境征信服务平台——中国—东盟跨境征信服务平台（以下简称“跨境征信平台”或“平台”）。平台立足市场缺信任、获取难、成本高、渠道少的痛点，通过跨境征信合作和产业数据融合，以在线形式为国内签约的政、银、企、信提供东盟企业征信报告，缓解境内外信息不对称的难题，辅助外向型贸易企业和金融机构开展涉外业务的风险判断，对防范金融风险、降低交易成本、加强广西与东盟两地经贸合作具有重要意义。

一　案例介绍

（一）背景情况

为深入贯彻落实自治区关于支持广西发展跨境征信服务等与涉外金融核心业务密切相关的中介服务机构，发展多元化跨境金融配套服务体系的要求，中国人民银行防城港市中心支行与广西联合征信有限公司谋势而动，以金融科技赋能撬动境内外资源创新，围绕跨境金融信息不对称、不及时、不透明的痛点，聚焦 RCEP、单一窗口、兴边富民等重点领域，运用人工智能、大数据、云计算等创新科技技术搭建跨境征信平台。

平台以推动数据跨境互联互通为基础，以多维企业信用报告为载体，以打造面向东盟的金融信息服务试点为目标，为金融机构和外贸企业的涉外经济业务提供风控辅助。同时，力争通过跨境征信的有益尝试，探索建设具有地域特色的商业征信服务体系，立足广西、面向全国、辐射东盟，推进社会信用体系建设国际化，搭建服务“一带一路”和国际陆海贸易新通道的信息桥梁。

（二）主要做法

1. 加强跨境征信合作，谋划借船出海

受制于东南亚各国政治体制、基础设施、信息技术水平、市场成熟度等差异，征信体系不健全、征信业态不一致、信息整合难度大，跨境数据获取和跨国互认均存在较大困难，逐一与国外征信机构对接合作效能较低。对东盟征信市场法规制度进行充分研读和对海内外市场进行充分调研后，平台采取了与业务成熟、产品完备、覆盖面广、扎根东盟的国内外持牌跨境征信机构合作的策略。

平台在合法合规的前提下开展谈判和对接，择优引入全球头部征信机构，以市场化方式开展信用调查和信用咨询合作，以实现东盟国家数据合规、统一、快速、准确对接。平台一期为“单向流入”，即通过信用报告的形式，为我国境内查询者提供东盟等境外企业的基础信息、风险信息、经营活动等定性和定量信息（见图 1、图 2）。二期为“双向流动”（截至 2020 年末尚未落地），将在国内法律法规和监管政策框架下，探索为境外查询者提供服务。

2. 基于产业深耕建库，服务实体经济

平台独家导入广西外贸产业平台建设和运营过程中积累的商流、信息流、物流和资金流等丰富的数据源，打造外贸行业产融结合的深度企业信用报告。报告所展示的非信贷替代数据以及历史行为数据有助于查阅者补充风险防范、风险监控环节所需信息，便于其更全面地掌握企业经营情况和信用水平。

图1　跨境征信平台页面

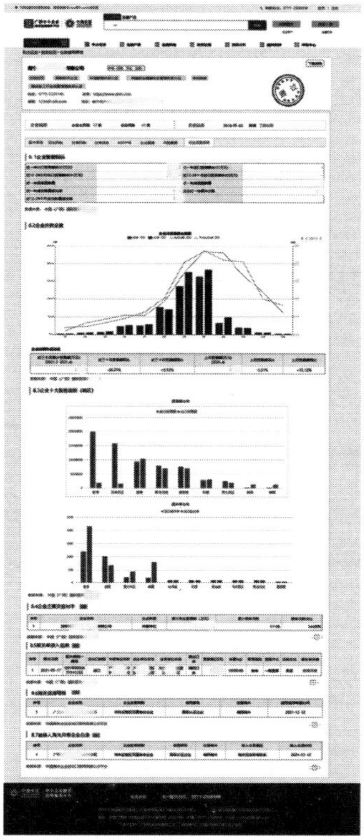

图2　跨境征信报告展示

3. 创新应用沙盒机制，助力平台孵化

面对中国—东盟跨境数字金融合作监管形势下的新要求，中国人民银行防城港市中心支行创新应用“沙盒机制”，发挥“产品孵化器”与“市场试验田”作用，引入广西联合征信有限公司作为防城港金融开放门户创新中心唯一的大数据公司，支持和指导其为边境银行网点及涉外企业提供跨境信用服务。同时优化跨境征信试点监管方式，创新容错机制，适度提高监管宽容度，为跨境征信平台的落地保驾护航。

4. 提升信息技术水平，保障数据安全

平台按照“坚守安全底线，构筑安全边界”的整体安全策略，构建多层次信息安全管理机制，以防范网络和信息安全攻击。一是建立健全覆盖开发、测试、运维全流程的信息安全管控机制，定期开展业务合规和信息安全的自查自纠并主动向监管部门报备；二是对标行业头部企业，将平台系统和信息系统的安全保护等级提升至三级；三是基于国家涉密信息系统集成甲级资质，加强上下游合作方关于数据流动的审慎性管理。

（三）取得成效

1. 打造广西征信服务名片

广西联合征信有限公司作为广西首家经由央行备案的企业征信公司，积极履行企业征信机构的社会责任，以数据征信服务区域经济建设为落脚点，不断优化征信产品和服务。跨境征信平台的建设和亮相，既填补了国内面向东盟征信合作的空白，又打造出了富有广西特色的业务亮点。

2. 建成涉外征信查询门户

随着双边经贸合作的持续深入，涉外企业对获取交易对手信用信息的要求更高。以往仅能通过经验积累、同业介绍、博览会推介、实地走访调查等传统渠道获取信息，信息搜寻成本高、缺乏公信力，不利于企业控制金融风险和交易成本。跨境征信平台为涉外企业提供线上申请、一点查询、实时调阅的便捷查询门户，有效提升交易对手资信情况的查询效率和查得率，增加了征信的有效供给。截至 2021 年 2 月，平台可支持查询 10 个东盟国家超 700 万家海外企业的数据。

3. 探索数据赋能跨境金融

跨境征信平台通过数据融合、治理和促活，实现“数据多跑腿、人员少跑路”，为金融机构向外向型企业办理跨境投融资业务提供风控支持，支撑其在账户开户、跨境结算、信用证议付等场景下的背景真实性核查，盘活数据资产，探索经济效益的可持续发展模式。截至 2021 年 2 月，平台已归集 27893 户外贸企业的信息，累计数据量达 3965.8 万条。平台正式上线后市场反响热烈，2020 年 12 月，在防城港召开的平台推介会吸引了 100 多家金融机构及国际贸易企业前来参会。

二　创新点

（一）完善金融信息服务基础

广西承担着建成面向东盟的国际大通道，打造西南中南地区开放发展新的战略支点，形成 21 世纪海上丝绸之路与丝绸之路经济带有机衔接的重要门户“三大定位”新使命，而信用信息流通是发展与各国投资主体经贸往来和金融合作的重要基础。探索面向东盟的金融信息服务基础设施建设路径，搭建可靠的信用数据获取渠道，将有效降低广西在面向东盟的融资、贸易等相关活动中的发展限制，促进跨境金融开放，改善国际贸易营商环境。跨境征信平台可作为面向东盟的金融信息服务基础设施建设的一个板块，与其他板块发挥协同效应。

（二）培育数据要素服务典范

2019 年 2 月，《中国—东盟信息港建设总体规划》印发实施，标志着中国—东盟信息港作为国家战略进入全面建设阶段，要求以深化网络互联、信息互通、合作互利为基本内容，合力打造以广西为支点的中国和东盟信息枢纽。2020 年 4 月 9 日，中共中央、国务院印发《关于构建更加完善的要素市场化配置体制机制的意见》，要求发挥数据作为关键生产要素的作用。数字经济以数据为关键要素，数据交易驱动数据有序流通，是数字经济发展的重要引擎，是数据要素市场化配置的重要抓手。

跨境征信平台以建立覆盖东盟国家的企业基础数据库为底层，深挖数据内涵，探索数据广度，通过数据采集、验证、清洗和应用，开发企业动态监控、量化风险模型、数据资产管理等风险识别与风险防范产品，链接政府、金融、企业和征信服务机构，是数据要素服务实体经济的有益尝试。

（三）孵化广西特色征信机构

首先，信用信息的跨境流动是建设开放型经济的必然要求，扩大征信业对外开放是贯彻落实金融对外开放战略的重要组成部分。其次，数字经济时代的大背景也使得大量涉企信用信息的跨区域、跨平台流通成为可能。随着广西与共建“一带一路”国家或地区之间经贸往来的日益密切，广西企业“走出去”、投资“走出去”都需要信息的跨境交流合作。最后，防城港作为中国与越南双边合作的桥梁城市，承载了中国面向东盟地区国家的开放窗口作用，具有深厚的经济贸易往来基础。

广西联合征信有限公司作为广西首家且唯一具备企业征信业务经营资质的征信机构，肩负着探索和打造区域内数据共享互通体系的重任，亦承担着面向东盟的跨境信用合作排头兵的角色。中国人民银行南宁中心支行和防城港市中心支行充分利用广西联合征信有限公司持牌经营的优势，积极培育本土征信市场。在平台建设的过程中，加强“顶层”设计，协调工作推进，尝试建立征信市场监管跨境合作机制，引导其为境内金融机构及外贸企业与共建“一带一路”国家或地区间的投融资和贸易往来提供信用评级、信用调查、信用咨询等服务。力争通过平台的搭建，推动具有地域特色的商业征信服务体系建设。

三　应用价值

（一）实现查询东盟企业征信的零突破

平台充分发挥广西与东盟地缘相近、商缘相连、利益相融的优势，实现了广西全面查询东盟国家企业信用报告的零突破。平台作为探索数据要素跨境流动与合作的前瞻性研究和落地研究基础，对防范跨境信用风险、建设沿边地区信用体系、创新征信服务方向均起到了积极的促进作用。

（二）助力外贸企业参与共建“一带一路”

一方面，平台的推出为外向型企业提供了快速了解境外商业伙伴和交易对手背景资质、商业信用、经营情况的通道，可增加其判断交易风险的维度。另一方面，平台深度信用报告中展示的替代数据有利于增加境内中小微企业、“腰部”客户获得融资的可能性，助力境内企业“走出去”，积极参与共建“一带一路”。

（三）推动金融机构跨境业务提挡升位

传统模式下，境内金融机构向外向型企业发放跨境投融资时，获取企业及项目信息局限于如下渠道：一是通过互联网公开平台获取，但受制于大部分东南亚国家征信体系不完备、网络公开信息较少，技术、语言、信息安全管理和国家法律规定等因素也一定程度上影响了查询结果；二是通过信息主体所在国的分支机构向该国征信系统申请查询其信用报告和等级，或是从商务、税务、海关等管理部门获取其贸易往来相关的公共信用信息，往往要持有当地企业营业执照或是成为当地商业联盟会员才有权申请；三是要求信息主体自行提供境外信用信息，信息真实性有待核验；四是通过外派业务人员实地调查了解企业信用信息，成本较高。

平台为金融机构提供风控支持，支撑其在账户开户、跨境结算、信用证议付等场景下的背景真实性核查，有助于快速评估企业风险和贷后动态监测企业商业风险，为化解金融风险、提升跨境服务能力提供了有力的“支点”，增加了征信的有效供给。

（四）保障监管部门区域信用风险防范

在跨境经贸活动中，跨境征信信息的闭塞给投机、欺诈行为提供了可乘之机，进而影响到双边经济安全和金融安全。跨境征信平台实现了涉外企业的信贷和贸易信用信息共享，使监管机构、金融机构能够及时对不良信用记录所有者、不诚信经营者采取限制措施，对防范区域金融风险具有现实意义。平台风险监测预警功能可全息揭示企业的实时行为风险，监管部门可实现监管的高度覆盖和动态预警，从而加固加高防范洗钱和恐怖融资风险的“防火墙”（见图3）。

与此同时，跨境征信活动的重点在于防止跨境信息非法买卖和流动。跨境征信平台使得调用及访问有迹可寻，最大限度防止数据跨境流动非法使用。有利于清理打击侵犯隐私的非法跨境信息买卖和传递，有利于把跨境征信活动和服务创新纳入行业监管范畴，有利于实现跨境征信循环可持续发展，更好地保护信息主体利益。

图 3　中国—东盟跨境征信服务平台风险监测预警功能展示

本文主创团队：中国人民银行防城港市中心支行

广西联合征信有限公司

执笔人：邹智、蓝熙

数字化转型下的银行智慧营运体系

在银行业数字化转型驱动下，中银香港东南亚业务营运中心秉承智慧营运理念，以科技为引领，扎实推动业务自动化、流程透明化、管控实时化、决策智能化、运作无纸化、系统区域化等各项措施，持续打造行业领先的智慧营运体系。同时抓住广西建设面向东盟的金融开放门户重大战略机遇，为提升面向东南亚国家业务的交付能力、形成同业竞争优势奠定了坚实的基础，也为广西构建面向东盟的金融运营服务基地提供了可复制、可推广的经验。

一　案例简介

营运作为商业银行经营管理活动实现的落脚点，在提升服务水平、防控风险、控制成本上发挥着重要的支撑和保障作用，是商业银行的核心竞争优势之一。

（一）背景情况

以往，中银香港以分散的后台运营作业模式为主，随着交易量和交易种类不断增加，这种模式的局限性越来越明显，业务流程和标准在各行存在差异，造成对前台的业务支持和客户体验不一致，也不利于成本控制及处理效率、服务质量的提升。从 2010 年开始，中银香港率先对营运业务进行集中化、精益化及数字化三阶段的转型。一是在集中化驱动的营运转型 1.0 阶段，中银香港不断理顺服务供应链，推动前后台合理分工。对前线业务，通过标准化模型进行动态梳理，有序后移前台的操作工序。在营运方面，推动集团营运集中化工作，实现了“物理统一”“逻辑统一”的大集中营运模式。二是在精益化驱动的营运转型 2.0 阶段，中银香港通过积极引进精益六西格玛（Lean Six Sigma）、ISO 质量管理体系的流程管理理念，使用科学的量化管理工具，对操作流程进行精细化管理，不断提升营运效率及服务质量。三是在数字化驱动的营运转型 3.0 阶段，中银香港从以成本效率为重的“操作工厂”营运模式，转化为注重体验的“以客户为中心”的服务模式，经过多年努力，最终建立了完备的营运管理体系，推动营运效率及质量跨越式提升。

2019 年，中银香港东南亚业务营运中心落户广西南宁，秉承智慧营运理念，大力推动数字化转型及智慧营运变革，通过业务自动化、流程透明化、管控实时化、决策智能化、运作无纸化、系统区域化等各项措施，持续打造行业领先的智慧营运体系，逐步迈入智慧营运转型 4.0 阶段。

（二）主要做法

数字化转型是银行前中后台整体协同的系统工程，最终体现在面向客户的数字化体验改善，以及银行全流程服务能力的提升。中银香港东南亚业务营运中心数字化转型下的智慧营运体系，通过构建五大全流程系统，实现了智慧管控、智慧决策、智慧风控等，从而实现营运变革，最终打造优质高效的数字化银行服务交付能力。

1. 构建全流程量化管理系统

作为数字化转型的基础，中银香港东南亚业务营运中心在营运效率、服务质量、操作风险控制等方面，沿用中银香港成熟的全流程量化管理工具，通过科学的量化管理，不断提升营运效率及服务质量。

（1）提升产能管理。为给前线单位提供高效的运作处理支撑，中银香港东南亚业务营运中心建立了产能管理及生产力管理机制，通过各项管理手段，积极缩窄业务量与产能差距。为深化流程管理，中银香港东南亚业务营运中心更进一步将营运数据转换成分析信息，发展为一套流程综合管理工具，让流程管理人员及时了解自我产能规划及管理数据。

（2）提升客户服务质量。中银香港东南亚业务营运中心建立了客户服务体验模型，利用客户服务调查及服务承诺等量化工具，持续提升自身服务质量和水平。制定服务承诺并对外公布，接受服务对象的监督，不断提高服务水平。客户服务调查主要从三个维度向客户收集意见，之后进行分析与评核，以持续检讨服务质量和执行改善措施。

（3）提升营运数据可视化程度。以营运计量指标（OQI）为基础，采用精益六西格玛的流程监控工具，进一步提升营运数据的可视化程度，为管理人员提供良好的业务分析工具。营运计量指标共分为5级，即服务质量、流程管理、营运效率、资源管理和风险管理，涉及8个指标，即服务水平、流程瓶颈、标准工时、作业效率、人均生产力、生产节拍、产能管理及重做率。其中，服务水平及重做率为风险把控最基础的部分，服务水平代表着营运中心能否妥善达成其对客户做出的服务承诺，而重做率则代表着操作人员的业务掌握水平。

（4）提升风险管控能力。为监察可能出现的潜在操作风险，中银香港东南亚业务营运中心采用了有效量度风险情况的管理工具——关键操作风险指标（KRI），运用各类风险指标数据，以量化的方式反映各单位在各个环节的风险水平，分析数据趋向，识别潜在操作风险，尽早发现缺漏，在演变为严重问题前采取相应整改措施，有效管控潜在风险（见图1）。

2. 构建全流程动态监控系统（Dashboard）

作为数字化转型的工具，中银香港东南亚业务营运中心于2020年8月投产了全流程动态监控系统，并获得2020年度“中国（广西）自由贸易试验区创新示范项目”荣誉奖励。全流程动态监控系统以科技为引领，以实时营运数据为基础，提供交互式的可视化分析，并可快速取得推动

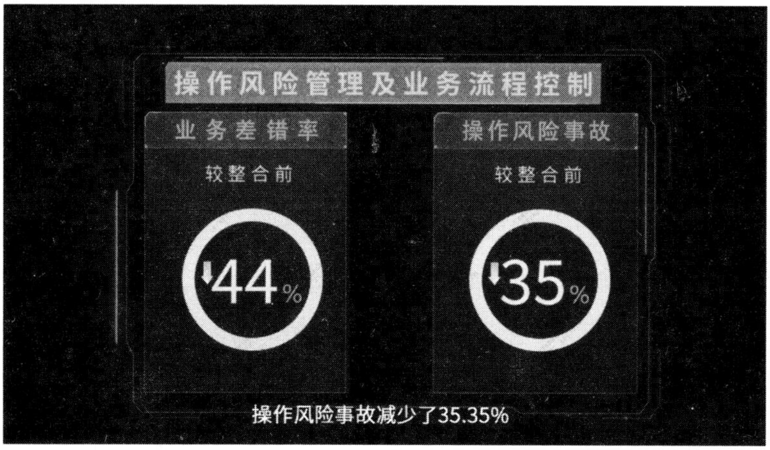

图 1　通过识别潜在风险，中银香港东南亚业务营运中心业务差错率大幅降低，操作风险事故大幅减少

营运管理的深入分析内容，通过该系统，可对营运环节做到实时化管理。一是提供在线实时数据，让管理人员了解营运流程情况，实现实时流程管理，及时处理潜在风险。二是支持跨地域操作，可在南宁实现对香港及东南亚营运业务的实时管控，摆脱实地监察的限制及需要，甚至可提供比现场监控更全面详尽的流程信息，全方位监控营运风险。三是实现对每一笔业务的监控，提供资源运用成效数据及人员质效表现，提高生产力效率。四是配置分析工具及趋势图表，有助于管理人员掌握业务流程表现变化，最终实现流程优化。同时，全流程动态监控系统通过电子邮件的提示及预警进行例外管理，能够及时识别各营运流程积压及需要处理的问题，保证流程质量，并为早期疏导和人员调配提供最佳行动方案。

3. 构建全流程无纸化作业系统

中银香港一直以来都将可持续发展理念融入银行核心价值观和业务全流程。中银香港东南亚业务营运中心积极推动绿色营运理念，拥抱环境、社会、公司治理（Environment、Social、Corporate Governance，ESG），并将其融入企业核心价值观及企业文化，履行企业社会责任。全面推行绿色、无纸化办公流程，中银香港东南亚业务营运中心资料处理及服务中心接办业务均为无纸化操作，放款业务则在南宁优先试用集中打印放款功能，在纸张节省的同时减少同事走动取影印本时间、节约贮存空间，在提高效率的同时大幅降低纸张使用量。

4. 构建全区域一体化运作系统

作为东盟跨区域管理的抓手，中银香港东南亚业务营运中心持续与母行中国银行有关部门沟通协调，克服涉及部门多、用户需求繁杂的压力，推动建立区域一体化智能营运平台，即不同地域的营运中心业务通过一个平台进行操作，以进一步加强区域管理服务与资源支持，标准化区域流程及操作，提升业务处理效率并降低操作风险，使各工序无缝衔接并确保数据准确。2021 年将重点推动区域支付平台投产，并继续推动防洗钱、开户业务、放款业务的区域平台实施。

5. 构建全业务智慧决策分析系统

作为提升营运内涵的关键，中银香港东南亚业务营运中心利用营运数据的深度挖掘，实现了智慧管控、智慧决策、智慧风控等。在智慧决策领域，利用跨行交易海量数据联合机器学习模型，预测客户收入水平，辅以客户资产、负债分析，进行用户消费画像分析，从而实现精准营销；在智慧风控领域，开展反欺诈数据挖掘和信息共享，充分利用 AI 技术，通过实现“事前—事中—事后”全流程风险防控，从渠道层、客户层和产品层三个方面布局反欺诈技术，形成多层次风险防御网络和核心技术能力。

（三）取得成效

1. 依托智慧营运体系，实现效率提升、成本降低双赢

中银香港东南亚业务营运中心自 2019 年 11 月成功实现资料处理业务投产以来，各项业务循序渐进，2020 年 4 月汇款业务投产，2020 年 6 月放款业务、综合业务、尽职审查业务投产，2020 年 8 月集团客服业

务投产、老挝小语种业务上线，东南亚业务实现零突破。依托五大系统搭建的智慧营运体系，日均业务处理量超过20000笔，业务处理效率较之前提升约20%，但成本仅为香港平均每笔业务成本的46%，实现了效率提升、成本降低的双赢。

2. 依托智慧营运体系，实现客户服务体验提升

依托中银香港东南亚业务营运中心构建的智慧营运体系，中银香港服务水平持续高于竞争同业，对外服务承诺达标率为100%。此外，中银香港东南亚业务营运中心通过参与香港政府现金发放计划、香港关爱基金计划，不仅保证了政府服务承诺，也在跨组支持、人员调配统筹上找到新的协同路径，实现客户需求满足、服务体验提升（见图2）。

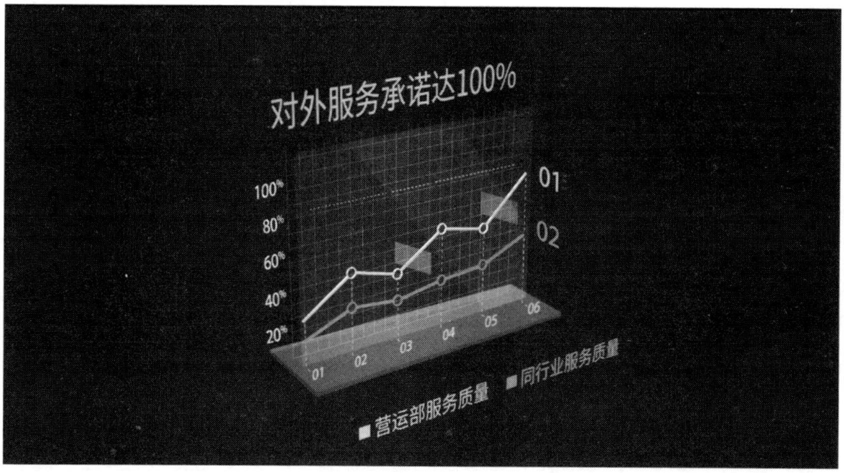

图2　依托智慧营运体系，中银香港服务水平持续高于竞争同业

3. 依托智慧营运体系，实现东盟区域发展

作为中银集团东南亚区域总部，中银香港借助智慧营运体系优势及广西面向东盟政策、区位优势，在RCEP大背景下更好地发挥区域营运能力，将以与中国银行系统共融的区域一体化智能营运平台为抓手，借

助中银香港东南亚业务营运中心这一业务载体，接办“大湾区＋东南亚”的营运业务，形成更具成本效益的运作模型，致力于为“大湾区＋东南亚”标准化营运业务提供支持，进一步丰富区域服务交付的角色。

4. 依托智慧营运体系，实现无纸化绿色营运

中银香港东南亚业务营运中心全面推行绿色、无纸化办公流程，在提高效率的同时大幅降低纸张使用量，例如放款业务优先试用集中打印放款功能，并协助完成核心银行系统（CTS）及核心银行支援系统（CBL）两大系统的9类交易验证，截至2020年末已实施61个交易码的凭证影像化，每年减省52万笔交易凭证打印，极大降低资源消耗，为中银香港区域化营运提供“绿色通道”，也为广西绿色金融改革创新工作注入新活力。

5. 依托智慧营运体系，实现营运从中后线操作走向前台，成为客户交付不可或缺的部分

中银香港将从客户全流程角度出发，把客户关键质量要素加入营运服务的流程设计，打造全新的客户体验，并将营运的专业性从中后台向前台辐射，加强和提升营运在客户服务工作中的地位，最终打造优质高效的数字化银行服务交付能力。

二 创新点

（一）首次将智能化手段与传统营运深度融合，提高管理及业务效率

通过引入机器人流程自动化（RPA），以及与智能文件资料撷取平台（ICR）相结合，打造自动化、智能化的交付流程，提高业务操作效率，改进和扩展业务、数据安全性，降低营运成本。应用流程监控管理平台

（BPMS），保障业务产出质量。推行全流程动态监控系统，通过区域一体化智能营运平台实时管控营运中心运作情况及业务流程。

（二）首创将深入挖掘的营运数据作为前台智慧决策的重要参考

深度挖掘营运数据，实现智慧管控、智慧决策、智慧风控。通过提供核心经营指标分析、同业对标分析、客群分析等功能，赋能银行实现精细化管理。

（三）首推区域一体化智能营运平台的应用，极大提升区域服务和风险控制能力

屏蔽不同地域后台系统差异，体现规模效应，同时通过打造创新的区域业务流程监控模块及智能展示系统，自动化收集营运数据，促进善用数据资产，强化业务分析。

三　应用价值

中银香港东南亚业务营运中心在数字化转型下，持续打造行业领先的智慧营运体系。无论对于银行同业层面还是对于广西建设面向东盟的金融开放门户层面，均有极强的应用价值。

（一）银行同业层面

一是有利于全面提升管理水平和处理效能，将营运由事后管控转变为事中实时监管，有助于提高决策效率，平衡产能缺口，防范操作风险；二是前中后台的“分离＋合作”新模式，有利于信息传导和决策支持更加紧密；三是有利于响应绿色金融的业界新生态；四是有利于为综合化营运提供支持，可集中处理不同机构的同类营运业务。

（二）广西建设面向东盟的金融开放门户层面

一是结合广西区位优势，有利于吸引更多金融中后台落户南宁，助力广西打造形成面向东盟的金融营运服务基地；二是理念和模式可复制，有利于推动广西当地同业智慧化变革；三是有利于在营运领域构建与东盟同业更紧密的协作关系。

本文主创团队：中银香港东南亚业务营运中心
执笔人：胡敏、湛晴

创新联动融资模式支持企业跨境业务

开展联动融资模式的创新，是支持建设面向东盟的金融开放门户的重要举措之一。中国农业银行股份有限公司广西壮族自治区分行（以下简称“农业银行广西区分行”）通过用好、用活“区块链+境内出口代付”组合、国际商业转贷款等联动融资模式，实现了服务范围的扩大、服务品种的丰富、服务方式的便利和服务效率的提升，达到信贷服务扩容、提高客户融资时效，降低融资成本、支持企业发展跨境业务的效果。

一　案例简介

（一）背景情况

《广西壮族自治区建设面向东盟的金融开放门户总体方案》（以下简称“《总体方案》”）的正式发布，标志着广西建设面向东盟的金融开放门户进入实施阶段。2019～2020年，农业银行与广西壮族自治区政府签署了《共同推进广西建设面向东盟的金融开放门户战略合作备忘录》，制定了《中国农业银行广西分行关于落实〈广西壮族自治区建设面向东盟的金融开放门户总体方案〉的实施意见》（以下简称“《实施意见》”），并梳理出《总体方案》和《实施意见》中的53项重点工作，争取政策资源支持，对接客户金融需求，优化业务流程，开展联动融资产品服务的创新。

农业银行广西区分行开展的联动融资创新主要针对《总体方案》中“加快推进跨境人民币业务创新”“便利人民币在东盟的使用”“支

持‘一带一路’国际合作”等方面，依托农业银行全面的业务组合、先进的技术平台优势和覆盖主要国际金融中心的全球化金融服务网络，在传统金融服务基础上，创新融资产品综合联动渠道，通过跨境金融区块链平台出口代付、国际商业转贷款、贸易融资跨境资产转让、内保内贷、NRA 账户表内外融资等多种产品及服务，在推广人民币国际化、推动“六保”“六稳”的同时，对发挥广西与东盟国家陆海相邻的独特优势，加快北部湾经济区和珠江—西江经济带开放发展，构建面向东盟的国际大通道，打造西南中南地区开放发展新的战略支点，形成 21 世纪海上丝绸之路与丝绸之路经济带有机衔接的重要门户起推动作用。

（二）主要做法

1. 善用“区块链 + 境内出口代付”组合提高效率

着眼企业的出口融资需求，对融资成本、融资审批效率、对外付款时效严格要求，突破传统出口押汇业务融资成本优势不足、信贷审批完成才能办理业务联动的信贷流程定势，采取信贷审批与融资操作平行实施的模式。一方面，充分利用国家外汇管理局“跨境金融区块链服务平台”报关单核验功能，创新贸易融资背景真实性调查方式，对客户的出口报关单开展网上核验，同时加强内部调查审查流程梳理和沟通，将核验结果作为信贷调查的补充依据，加快信贷审批效率；另一方面，主动加强与系统内其他省分行的联动，同步做好自贸区低成本资金拆借和融资前期准备工作，实现各个操作环节的精准对接，直接在境内解决融资问题。

2. 妙用“国际商业转贷款”特色产品增强竞争力

国际商业转贷款是 2020 年 9 月面世的特色产品。该产品是农业银行境内分行依据国家监管部门相关法律法规，向农业银行境外分行或境外代理行借入资金，转贷给境内客户的一种跨境融资业务，可以满足境内客户生产经营及国际贸易（包括先进设备进口）等融资需求（见图

1）。农业银行广西区分行以“四个到位”加快新产品应用：首先是培训认识到位，产品推出后第一时间组织全辖开展线上培训，及时解答产品涉及的各类问题，让客户经理认识到国际商业转贷款是打开工作局面的利器；其次是产品宣传到位，通过产品推介、客户座谈等多种形式广泛宣传，让客户了解产品、选用产品；再次是营销对接到位，对照提前摸排的目标企业名单，积极向符合条件且有融资意向的客户推介；最后是沟通协调到位，加强与农业银行各境外分行的沟通协调，及时了解不同境外分行的业务报价及操作流程，为贷款投放打好基础。

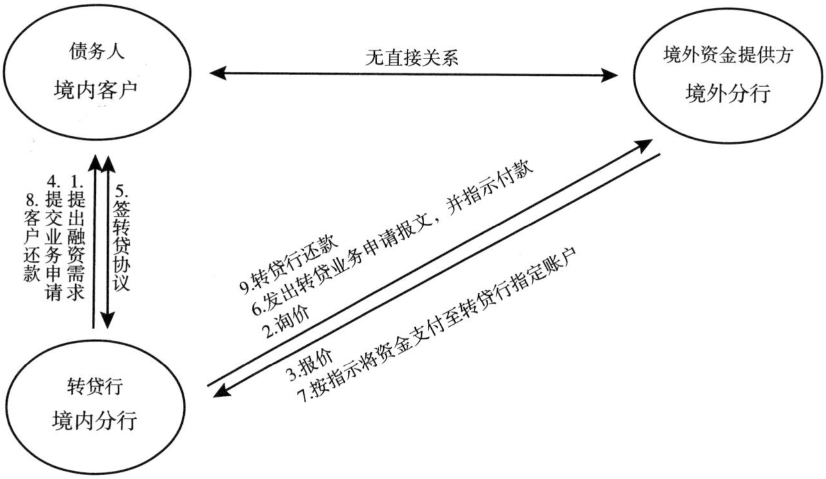

图1　国际商业转贷款流程

3.巧用“内保内贷”联动引入资金

内保内贷业务是农业银行广西区分行根据境内企业（申请人、借款人和被担保人）申请，向境外融资行（受益人）提供融资性担保/备用信用证或非融资性风险参与，境外融资行据此向该境内企业提供融资的业务，是一种“跨境担保+借入外债”的产品组合，属于表外融资方式。农业银行广西区分行着力抓好“三个方面”，巧用产品提升服务水平：第一方面是建立境内外市场信息沟通机制，定期收集境外市场价格情况，了解把握境内外资金价格变化趋势；第二方面是发挥“逆周期”调节作用，在信贷规模紧张时，能够借助境内农行的担保，为企业从境外融入资金，化解信贷规模难题；第三方面是抓好客户的分类推进，针对企业的外债额度和融资需求开展推介，满足企业生产经营需要。

4. 精用“贸易融资跨境资产转让”助力实体

农业银行广西区分行聚焦《总体方案》中“贸易融资跨境资产转让”这个创新点，借助政策东风，明确产品创新方向。弄清摸透监管要求和产品内核，积极向金融同业及系统内兄弟行交流学习，制定《中国农业银行广西区分行关于跨境人民币全口径跨境融资转卖业务管理办法（试行）》，明确业务操作的具体流程和规范。做好向总行及监管部门的沟通汇报，履行一系列报备手续，为业务后续顺利开展做好准备。

5. 活用政策支持“走出去”“引进来”

农业银行广西区分行充分了解企业需求，研究探索境内外联动产品，推行金融支持面向东盟的金融开放门户和广西自贸区建设的措施，积极尝试，为境外客户提供表内外融资产品，为境内客户的海外项目提供“工程易融”系列产品，努力减少企业因新冠肺炎疫情受到的影响，推进区域内“走出去”“引进来”企业及外资外贸企业在境内生产经营更稳、在境外项目运作井然有序。

（三）取得成效

1. 服务力度进一步加大

联动融资产品的综合运用使金融服务方式更加多样化，有效促进了金融服务质效的提升。截至2020年12月末，累计为企业办理各类表内联动融资业务28.42亿元人民币；为“走出去”“引进来”企业办理涉外融资性保函或开立预付款保函、质量保函、非融资性保函，累计金额

1.74 亿元，市场活力得到进一步激发。

2. 融资服务的惠及面更广

国际商业转贷款服务群体准入门槛相对较低，申请融资手续简便，这就使服务范围得到扩大，进一步促进跨境投融资便利化，有利于客户把握国际国内两个不同市场的不同资金市场利率，主动选择适合的融资资金来源，降低融资成本。

3. 服务实体“造血功能”更强

农业银行广西区分行与境外分行联动办理的 1 亿元国内信用证项下跨境资产转让业务，是全区银行系统单笔交易金额最大的国内信用证项下贸易融资跨境转让业务。该项业务有效释放信贷规模 1 亿元，既为农业银行广西区分行支持服务广西实体经济输送了新鲜血液，也为该行推广人民币国际化拓宽了业务渠道。该行与东盟地区分行联动办理人民币内保内贷业务，有效满足信贷规模偏紧时客户的融资需求，为农业银行广西区分行支持广西面向东盟的金融开放门户建设提供了新动力。

4. 企业融资成本更低

以境内自贸区价格低廉的融资资金为南宁某电子企业办理境内出口代付，以境外低成本资金为南宁、钦州、北海企业办理国际商业转贷款，以内保内贷创新为柳州某制造企业、某建筑企业和南宁某铝加工企业引入境外融资，同期限下降低企业财务成本均超过 10%。

5. 业务办理效率更高

与境内自贸区分行联动，以“线上化操作＋平行审批”的模式创新办理“区块链＋境内出口代付”融资业务；打破时差及空间的阻隔，与迪拜分行合作办理国际商业转贷款；与新加坡分行联动，“一天两地”成功发放人民币国际商业转贷款，为两家企业在疫情防控时期的生产运营送上“源头活水”。以上业务均在 3 天内完成流程实现落地，获企业好评。

二　创新点

（一）充分使用跨境金融区块链服务平台，提高业务办理效率

充分运用“数字外管”和“安全外管”金融科技创新成果，挖掘“跨境金融区块链服务平台”报关单查验及融资登记功能，结合农业银行广西区分行信贷调查、审查流程，优化客户贸易融资背景真实性调查渠道。结合外贸外资客户的金融服务需求，联合境内其他自贸区分行，以“区块链+境内出口代付”模式办理贸易融资业务，在满足企业线上化、集约化、开放性融资需求的同时，为银行开展业务调查、审查提供可靠依据，提高信贷审批效率。

（二）创新融资渠道，满足企业金融需求

灵活运用国际商业转贷款、内保内贷等综合融资产品，充分利用境内各区域间不同的金融资源、境内外不同的市场，联合农业银行系统内境内分行、境外分子行、境外子公司以及境外代理行，通过充分发挥各自功能优势，努力满足企业多元化融资需求。在跨境融资宏观审慎管理模式下，积极探索以非传统方式办理流动资金贷款、贸易融资贷款，解决企业融资难题。

（三）拓展贸易融资跨境资产转让业务，主动调节信贷规模支持实体经济

瞄准广西建设面向东盟的金融开放门户的创新点，在完成合理性、规范性评估的前提下，与系统内境外分行开展跨境融资同业合作，探索办理国内信用证项下贸易融资跨境资产转让业务。该项业务可在信贷规模吃紧的局面下，开辟农业银行广西区分行信贷规模调配渠道，为广西实体经济融资扩容注入活力。

三　应用价值

（一）灵活运用境内外融资，实现集团合成

有利于商业银行集团整合内外部资源，为客户提供境内外一体化金融解决方案。如办理境内系统内代付业务，可利用经济发达地区自贸区分支机构的优惠融资资金，对接出口企业融资需求。通过国际商业转贷款业务，联动集团内境外分支机构拆借人民币或外币资金，用于支持广西实体经济的生产经营周转或贸易融资需求。通过办理 NRA 客户结算及配套融资业务，为客户提供全链条、低成本的结算、融资和清算服务。

（二）有效调节信贷规模，实现服务能力扩容

充分运用内保内贷等涉外融资性保函业务，使客户在得到境内银行担保又不占用信贷规模的前提下获得境外资金融通，同时使银行突破本行信贷规模偏紧的瓶颈，实现银企双赢。借助国内信用证跨境资产转让业务，实现在银行信贷规模偏紧的情况下，仍可择优选择价格适合的境外分行腾挪出信贷规模，支持实体经济，服务更多融资企业。

（三）积极推广跨境人民币，丰富人民币国际化场景

与农业银行境外分行联动，及时获取当地金融信息资源，通过对市场、资金、产品、汇利率等多种元素的运用，为农业银行广西区分行的境内外客户量身定制涵盖结算、融资、资金交易及汇率避险等的本外币一体化金融服务方案。这样既能加深国内和国际市场资源的综合应用，丰富客户金融产品的选择宽度，又能扩大跨境人民币的使用广度，成为农业银行广西区分行推动人民币国际化的重要渠道。

（四）拓宽融资渠道，实现客户低成本融资

抓住广西建设面向东盟的金融开放门户和自贸区的有利时机，摸索出多种企业在境内的融资渠道以及在国际上的融资通道，降低企业的财务成本，共同服务区域内“走出去”“引进来”及外资外贸企业，减少企业因新冠肺炎疫情受到的影响，助力国家开放发展建设。

（五）优化银行信贷调查手段，实现提升效率和防控风险的有机结合

通过国家外汇管理局“跨境金融区块链服务平台”报关单核验功能，可快速核查客户申请融资时提供的报关单真伪，提升调查审查效率，拓宽了银行信贷客户尽职调查查验渠道，在一定程度上佐证了客户贸易融资背景的真实性，同时避免出现客户利用报关单在多家银行进行多重融资的风险。

本文主创团队：中国农业银行股份有限公司广西壮族自治区分行

执笔人：罗婕妤

科技赋能新通道多式联运物流金融

长期以来，多式联运运输过程复杂，途中往往涉及多方承运人和多级转运，业务效率低，同时联运单据的层层流转，也导致其真实性和唯一性的验证难度较大，无法作为控货凭证，加之数据的分散性，导致实际物流信息难以被穿透和实时追踪，金融机构风控困难重重。基于此，西部陆海新通道（广西）多式联运“一单制”综合金融服务平台（以下简称“多式联运金融平台”）应运而生，有效解决进出口企业及物流运输企业多式联运“一单制”提单签发、流转、融资和保险等难题，实现“一单到底、一票结算、一次委托、一口报价”，显著提升运输效率，加快推进跨境贸易便利化，发挥广西作为中国面向东盟的金融开放门户的枢纽作用。

一　案例简介

（一）背景情况

建设西部陆海新通道是以习近平同志为核心的党中央作出的重大决策部署，广西作为西部陆海新通道的门户港，肩负着开放发展新战略支点的重要使命。为贯彻落实广西壮族自治区人民政府《加快建设面向东盟的金融开放门户若干措施》，同时聚焦西部陆海新通道物流金融、供应链金融，立足金融科技赋能实体产业，积极探索“贸易＋物流＋金融＋科技”的跨境金融创新模式，全力服务广西建设面向东盟的金融开放门户。第 17 届中国—东盟博览会期间，由金融开放门户（广西）跨境金融数字有限公司（以下简称“跨境金融数字公司”）建设的“多式联运金融平台”正式发布，当日即实现全国首笔基于区块链技术的铁海联运“一单制”跨境贸易融资业务，该笔融资业务为广西柳工机械股份有限公司（以下简称“柳工机械”）实现的铁海联运“一单制”提单项下金额 75 万元、期限 178 天的跨境人民币出口商业发票融资。

（二）主要做法

2020 年 11 月 27 日，装载柳工机械生产的轮式装载机的集装箱通过班列从柳州南站运抵钦州铁路集装箱中心站，并快速转运至钦州保税港区办结出口货物放行手续，并于 12 月 2 日搭乘集装箱船舶由钦州港出口直达印度尼西亚雅加达，实现以铁海联运“一单制”提单方式抵港。

其中，柳工机械作为进出口企业、货主和融资申请人，向货物承运主体——广西北港物流有限公司（以下简称“北港物流”）提交运输承运请求的同时，通过多式联运金融平台向广西北部湾银行股份有限公司（以下简称“北部湾银行”）提交了基于“一单制”提单的融资申请。

北港物流作为铁海联运“一单制”提单签发主体，在柳工机械仓库提取接收货物并装上班列时，业务操作人员在北部湾航运中心轻敲键盘点击确认，发往印度尼西亚雅加达的装载机多式联运业务“一单制”提单随即生成，提单信息同步至平台。

多式联运金融平台接收到由柳工机械发出的融资申请和由承运人北港物流签发的“一单制”提单后，将融资需求推送至北部湾银行，北部湾银行通过基于区块链的提单信息和多式联运金融平台提供的穿透式全程物流可视化等风控措施，进行“四流合一”验证和融资审批，最终为融资申请人放款，完成“一单制”项下的跨境人民币出口商业发票融资创新。将出口商业发票融资通常在装船拿到海运提单后才能实现放款的时点前移至仓库揽货装车时，实现全国首单铁海联运“一单制”贸易融资落地。

（三）取得成效

1. 全国首笔区块链铁海联运“一单制”提单签发及跨境贸易融资落地，实现全国“零”的突破

此前，重庆等地分别签发了纸质铁海联运“一单制”提单，但因不具备物权属性，无法实现金融属性和融资功能；成都等地通过商业银行中欧一单相关信贷产品和跨境区块链平台实现中欧班列线上融资，但仅针对中欧班列实现铁路的“一单到底、两段结算”。此次区块链铁海联运“一单制”提单的签发及跨境贸易融资落地，有效解决了金融机构对货物及单证验真、全流程穿透式追溯等风控难点。同时北部湾银行基于北港物流作为联运承运人在多式联运金融平台签发的区块链提单进行“一单制”项下跨境融资，实现金融机构首次对以“铁路＋海运”为背景的联运提单金融产品创新。

2. 推动制造业、物流业深度融合创新发展

以柳工机械为代表的区内制造业企业试单，为后续向新通道制造业企业推广区块链“一单制”融资奠定了平台和产品创新基础。

3. 金融科技创新，提高银行风控能力

北部湾银行利用多式联运金融平台区块链技术，通过物流信息查验、跟踪、监控等技术手段，监控物流从而控制资金流。以贸易自偿性作为风控着力点，进行金融科技创新，提升银行自身风控能力，加大贸易融资金融产品创新力度，切实服务实体经济发展。

4. 以全程物流可视化为基础，拓展多种金融创新

借助出口信用保险、动产抵质押、仓单质押等手段，除为进出口企业提供融资，降低中小出口企业融资准入门槛与融资成本外，向多式联运“一次保险”制度创新拓展，通过穿透式全程物流可视化，推动保

险公司针对新通道推出多式联运责任险种，保障提单签发主体权益。

5. 推动区内物流企业向现代物流和供应链金融转型

北港物流作为联运承运人，将全程物流可视化物流数据传输至多式联运金融平台，多式联运金融平台再以区块链“隐私无忧”等技术，为金融机构提供与物流业、制造业融资的互信基础。北部湾银行对由北港物流签发的区块链“一单制”提单十分认可，给予“一单制”项下跨境融资，实现区内传统物流企业向现代物流企业、业务向先进供应链金融转型。

二　创新点

多式联运“一单制”跨境贸易融资有效解决了进出口企业、制造业企业及物流运输企业多式联运“一单制”提单签发、流转、融资和保险等一系列难题，高起点、高标准，实现多式联运过程中“一单到底、一票结算、一次委托、一口报价”。银行则利用多式联运金融平台实现提单信息核验、物流动态跟踪等技术手段，直接验证“信息流”“货物流”，并借助“一单制”提单的“类物权属性”全方位全程保障货物安全可控，降低中小进出口企业融资准入门槛与融资成本。

（一）创新业态实践路径

一是北港物流作为联运承运人，在多式联运金融平台签发广西首单面向东盟和基于区块链的铁海联运“一单制”提单并进行登记，多式联运金融平台自动关联该提单号下不同运输段的运输信息，使其完整汇集成统一物流信息；提单从签发到流转、融资、提货、注销等全生命周期各环节状态均在多式联运金融平台登记公示，并由区块链全程存证防篡改，通过技术手段强化多式联运提单的“类物权属性”；融资企业（承运人客户）可选择其名下的提单以及其他贸易资料作为融资单据，在多式联运金融平台各类金融机构及产品中选择融资机构提交融资申请。

二是北部湾银行将多式联运一单制项下数字化供应链金融业务设置为以区块链数据应用为风控核心，依托数字化多式联运金融平台实现对物流信息的确认及全流程跟踪，由准入的物流公司实现对货物运输过程的全流程监控，通过科技应用，实现物流、信息流、资金流多项信息整合，为进出口企业提供出口应收账款类、进口预付账款类物流金融、供应链金融等金融创新服务。

三是多式联运金融平台依托“物流信息穿透”“贸易单据核验”“重复融资预警”等区块链数字化风控措施，有效解决了金融机构核验成本高、监管难度大和重复融资等问题，降低了金融机构融资业务的风险，提高了融资业务的审批时效，为企业节约了融资成本，提高了融资效率。

（二）创新业态管控机制

多式联运包含多种运输方式，但目前仅海运提单具备物权属性并在国际贸易中被金融机构广泛接受，其他运输单据均不具备物权属性及融资功能。多式联运“一单制”提单作为新生事物，一直以来无法在国际贸易融资中被金融机构认可，创新业态管控机制成为当务之急，本案主要做出如下努力。

一是推动物流单证标准面向东盟和与国际接轨，赋予其类物权属性及金融属性。北港物流作为多式联运经营主体，通过签发首单面向东盟的铁海联运“一单制”提单，将多式联运“一单制”提单作为标准物流单证与国际接轨，通过货主、承运人及银行等多方协议赋予其“类物权属性”，北部湾银行基于多式联运金融平台底层区块链技术优势，在确保联运单据流转过程中的唯一性和真实性背景下，实现基于“一单制”提供融资服务的多式联运创新金融模式，有效防范重复融资风险。

二是区块链赋能贸易流、货物流、信息流、资金流“四流合一”，创新物流金融服务。多式联运金融平台依托区块链隐私方案，在隐私无忧的前提下打通数据，实现物流信息的穿透式全流程追踪，通过人工智能与大数据的结合，向银行、保险等金融机构提供货物异动发出实时预警等贷后风控辅助，为银行“一单制”融资和保险公司“一单制”联运险等创新金融产品提供了风险防范支撑，以金融风险防范创新，助力企业降低融资的门槛和成本。多式联运金融平台通过提供“物流信息穿透”“贸易单据验真”“重复融资预警”等主要功能，有效解决银行、保险等金融机构面临的诸多痛点，重塑多式联运物流金融场景中企业、物流、银行及保险等各参与方的信任关系，创新“科技+综合金融”服务。

三是金融科技有效激活生态金融属性，实现贸易融资无缝对接，推动物流业、制造业创新融合。多式联运金融平台通过区块链技术在隐私无忧基础上，实现数据授权共享，确保数据的真实性。北部湾银行通过多式联运“一单制”提单号与各运输段运输单据号自动关联，可一键查询全程物流信息，实现全程物流信息穿透及运输路径可视化，使北部湾银行贷后部门掌握货物运输及流转轨迹、提单状态等全量动态信息，多维控货预警，防范提单项下货物监管风险。提单融资登记查询规避了重复融资风险，提升了银行贷中、贷后对货物、货权的管控能力，降低了银行融资风险，通过科技手段有效激活金融属性，实现贸易融资无缝对接。

三　应用价值

（一）强化物流金融中心地位

吸引国内外各类金融机构通过多式联运金融平台参与通道物流金融

创新，强化广西在通道中的金融开放门户作用和陆海新通道物流金融中心地位。

（二）科技服务新通道建设

有效解决陆海新通道进出口企业、制造业企业及物流运输企业多式联运“一单制”提单签发、流转、融资和保险等一系列难题，降低企业贸易综合成本。企业在开展跨境贸易活动中只需签署一份合同、签发一张提单，全程运输一种费率。

（三）推动金融机构产品创新

银行通过多式联运金融平台，可借助出口信用保险、动产抵质押、仓单质押等产品工具，为进出口企业提供创新融资，降低中小出口企业融资准入门槛与融资成本；推动多式联运“一次保险”制度创新，通过穿透式全程物流可视化，推动保险公司针对通道推出多式联运责任险种，保障提单签发主体权益。

本文主创团队：金融开放门户（广西）跨境金融数字有限公司
广西北港物流有限公司
广西北部湾银行股份有限公司
中国人民银行南宁中心支行
执笔人：王玉龙、谢宇

全国首创复工企业疫情防控综合保险

在新冠肺炎疫情防控的关键阶段，中国太平保险集团有限责任公司东盟保险服务中心（以下简称“东盟保险服务中心”）积极履行央企担当，充分发挥保险的经济“减震器”和社会“稳定器”作用，在全国首创“补贴资金结余退还财政”政保合作新模式，推出了广西复工企业疫情防控综合保险（以下简称“复工复产保险”），为企业提供全方位保险保障，以实际行动助力企业复工复产。广西复工企业疫情防控综合保险的推出，是东盟保险服务中心支持地方经济发展，助推企业复工复产的有力举措，极大地增强了投保企业恢复生产经营的信心，为推动各级政府运用保险提升社会治理能力提供了新思路，为保险业创新政保合作模式、提升服务实体经济和社会发展能力意识提供了示范。

一　案例简介

（一）背景情况

2020年初新型冠状病毒肺炎疫情牵动着全国人民的心，疫情防控处于关键时期，广西多个地市、各行业响应国家疫情防控要求停工停产。随着广西疫情形势逐步稳定，百废待兴，各行各业在做好疫情防控的前提下逐步复工复产，与此同时防疫物资紧缺、生产资料价格上涨明显导致企业防疫支出及生产成本增加，抗风险能力减弱。广西面向东盟的金融开放门户建设正值攻坚阶段，国内实体经济建设发展正进入关键时期，保险业理应发挥保险的社会“稳定器”作用，分散企业经营风险，反哺国内实体经济，助力良好营商环境的打造，为共建“一带一路”添砖加瓦。

为贯彻落实习近平总书记重要指示精神和党中央、国务院决策部署，在疫情防控中践行初心使命，充分发挥金融对经济的支持和保障作用，东盟保险服务中心在疫情发生后积极推动广西复工企业疫情防控综合保险项目落地，在应对重大突发公共卫生事件上充分发挥保险保障和风险管理作用，助力广西科学防控疫情，有序推进复工复产，坚定了企业抗疫必胜的信心，取得了良好的社会效应。

（二）主要做法

1. 牢记使命站位高，创新引领响应快

“国家所需，太平所向”是中国太平保险集团的使命担当。2020 年 2 月 23 日，习近平总书记在统筹推进新冠肺炎疫情防控和经济社会发展工作部署会议上强调，要毫不放松抓紧抓实抓细各项防控工作，推动企业复工复产，强化“六稳”举措，全面有序恢复生产生活秩序。东盟保险服务中心自觉提高政治站位，牢记“保险姓保”使命要求，快速响应中央提出的复工复产指示，创新设计疫情防控综合保险产品，探索太平版合作模式路径。方案得到自治区领导的重视与肯定，2020 年 3 月率先在南宁市试点，3 月 4 日签出广西第一张复工企业疫情防控综合保险共保体保险单（见图 1）。

2. 立足行业格局大，精准施策方案细

2020 年 2 月 23 日，习近平总书记在统筹推进新冠肺炎疫情防控和经济社会发展工作部署会议上的讲话指出，这次新冠肺炎疫情，是新中国成立以来在我国发生的传播速度最快、感染范围最广、防控难度最大的一次重大突发公共卫生事件。新冠肺炎疫情的发生，使保险行业面临重大考验，为此东盟保险服务中心一开始就秉持立足行业共同发力、共克时艰的理念，积极联络同业公司，举行业之力助防控、保复产。此

图1　广西第一张复工企业疫情防控综合保险共保体保险单

外，东盟保险服务中心高频度与总部对接、多轮次与政府部门以及企业沟通，高质高效设计产品和实施路径，精准施策助力科学防控，使项目得以快速推进。2020 年 4 月争取到自治区住建厅、财政厅支持。

3. 政保合作模式新，补贴返还创先例

综合兼顾企业停工资金紧张，财政资金倾注在防控抗疫上的客观现实，复工复产保险项目创新建立财政资金结余退还模式，即保险期结束后，原由财政资金承担的保费部分，保险公司扣除赔款及运营成本后，结余资金全部退回财政，“财政补贴资金结余退回财政”的政保合作新模式在国内首次推出并成功实施。

4. 需求导向，产品创新与服务创新并驾齐驱

在自治区疫情防控相关保险产品中，复工复产保险首次采用“防疫保险 + 院后服务”模式。保险方案针对性强，保障对象为全市各类

复工重点企业；保障范围广，包括被保险企业在其营业场所范围内因发生新冠肺炎疫情，应政府要求停工停产而产生的产品损失、雇员工资、隔离费用等；保险方案多样化，根据企业特点为大中型企业、小微企业、建筑行业、农业企业量身定制专属方案；保障责任多，切实符合企业需要，不仅是本企业经营场所和人员出现疫情，周边区域出现疫情导致企业停工停产的也可以获得赔付。此外，东盟保险服务中心还免费向投保企业提供新冠肺炎院后居家康复指导服务，尽显人文关怀。

5. 凝心聚力，组建专业化服务团队

东盟保险服务中心主要负责人高度重视复工复产保险项目推进工作，主动拜访自治区相关厅局表达东盟保险服务中心以保险主业优势，发挥风险管理能力，同企业共克时艰、共渡难关的意愿及使命担当。东盟保险服务中心统筹组建复工复产保险专业化服务团队，集合总分公司前中后台各条线精干力量为本项目服务。服务团队分工明确、职责清晰、奖惩分明，有条不紊地推进复工复产保险项目各项工作落地。定期召开服务团队工作进度沟通会，促使服务标准化、流程规范化，制定行事历，明确解决方案及时间节点，确保各项工作件件有着落，事事有回音。

（三）取得成效

1. 试点成效显著，成果运用取得阶段性进展

2020 年 3 月，广西复工企业疫情防控综合保险项目在南宁市率先试点，东盟保险服务中心与南宁市金融工作办公室签订了南宁市复工企业疫情防控综合保险项目合作协议。2020 年 3 月 5 日，签出广西第一张复工企业疫情防控综合保险共保体保险单。截至 2020 年 3 月 31 日共为 23 家南宁市大中小型企业提供复工复产风险保障。南宁市试点获得可喜进展并得到投保企业的好评后，东盟保险服务中心主动联系自治区住房城乡建设厅，结合建筑施工行业切实需求对保险方案进行调整，得到自治区住房城乡建设厅及财政厅的支持。2020 年 4 月，《自治区住房城乡建设

厅　自治区财政厅关于使用建筑安装工程劳动保险费结余资金支持全区建筑施工企业复工复产促进经济社会平稳运行的紧急通知》（桂建计〔2020〕3号）出台，鼓励区内符合补助范围的各建筑施工企业投保“复工企业疫情防控综合保险”，并从自治区建筑安装工程劳动保险费中按建设施工企业投保保费的一定比例予以资金补助支持（见图2）。推出的广西建筑行业复工复产保险为广西下辖11个地市的各类建筑行业企业提供雇员工资损失、现场租赁工程机械的租赁费用损失、防护卫生用品费用损失和雇员新冠身故费用、确诊补助金等风险保障。2020年东盟保险服务中心为广西区内多家知名建筑企业提供了复工复产风险保障。

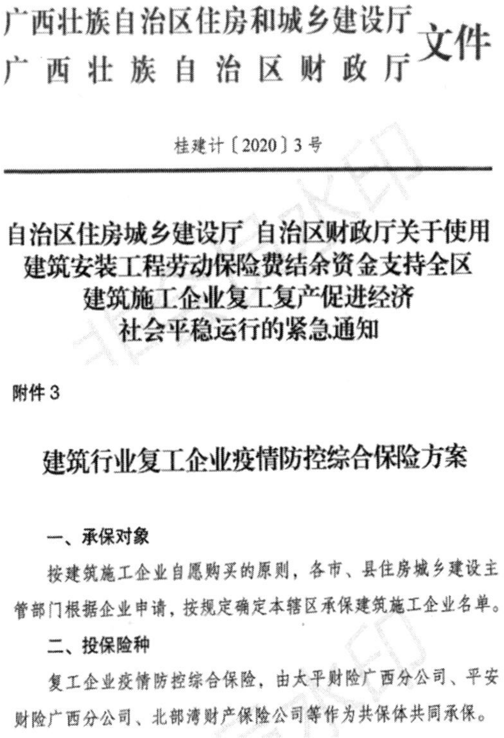

广西壮族自治区住房和城乡建设厅
广 西 壮 族 自 治 区 财 政 厅 文件

桂建计〔2020〕3号

自治区住房城乡建设厅 自治区财政厅关于使用建筑安装工程劳动保险费结余资金支持全区建筑施工企业复工复产促进经济社会平稳运行的紧急通知

附件3

建筑行业复工企业疫情防控综合保险方案

一、承保对象

按建筑施工企业自愿购买的原则，各市、县住房城乡建设主管部门根据企业申请，按规定确定本辖区承保建筑施工企业名单。

二、投保险种

复工企业疫情防控综合保险，由太平财险广西分公司、平安财险广西分公司、北部湾财产保险公司等作为共保体共同承保。

图2　《自治区住房城乡建设厅　自治区财政厅关于使用建筑安装工程劳动保险费结余资金支持全区建筑施工企业复工复产促进经济社会平稳运行的紧急通知》（桂建计〔2020〕3号）

2. 提升市场影响力及品牌知名度

在投保企业方面，东盟保险服务中心在服务投保企业的过程中以诚信专业的态度、热情周到的服务广受企业好评，并与其中近半数投保企业展开后续业务合作交流；在政府机构方面，东盟保险服务中心的创新改革能力、统筹协同能力、社会责任感获得自治区、各县市相关厅局认可，品牌认知度不断提升，为后续开展政保新项目奠定了合作基石。

二　创新点

（一）模式创新

东盟保险服务中心积极响应国家号召，深入贯彻落实国家政策要求，展现央企社会责任担当，全国首创财政资金运用与风险管理挂钩，盈余部分资金专项投入社会疫情防控，提升财政资金运用效能。依照“不盈利”原则，财政补贴的保险费资金结余退回财政部门，开创了“政府＋保险机构”合作应对重大突发事件的风险管理新模式（见图3）。东盟保险服务中心急国家之所急，急人民之所需，在减轻财政资金支出压力的同时，盘活财政资金，进一步拓宽建筑安装工程保险费等的运用范围，降低企业安全生产风险。

（二）产品服务创新

在自治区疫情防控相关保险产品中首次采用“防疫保险＋院后服务”模式。复工复产保险是东盟保险服务中心在特定时期创新推出的保障社会经济有序复工复产的公益定额产品，对行业主管部门认定的重点企业投保复工防疫保险产品给予财政补贴。东盟保险服务中心为南宁市复工企业疫情防控综合保险设计了10万～500万多个保障额度，供参保企业根据自身财务状况选择投保。复工复产保险创新整合传统保险产品，融

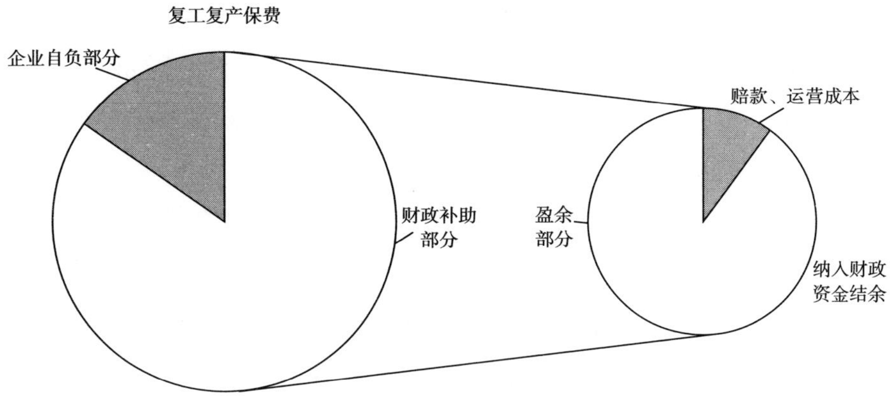

图3　财政资金结余退还模式

合“财产险+雇主险”的双重优势，开发出涵盖产品损失、隔离维持费用、员工隔离期工资和新冠肺炎疫情感染人身保障四个方面的保险产品，并免费提供院后康复服务，既有效控制了企业因新冠肺炎疫情遭受损失的风险，又保障了企业员工的切身利益。

基于保险风险管理大数据参考和全球风险分散共担，复工复产保险性价比更优，投保保费由财政和参保企业共同分担，彰显了政府、保险业与实体企业同风雨、共患难的担当精神。

三　应用价值

（一）为推动社会治理能力现代化及财政资金高质量运用提供新思路

东盟保险服务中心在社会危急时刻积极发挥保险“稳定器”作用，探索推出政府部门和保险机构为服务对象提供防灾防损服务的合作新模式，使政府可充分运用商业保险机制，以少量的财政资金撬动更大的保障能量。化解重大灾害或疫情风险，节约财政资金和管理成本。鼓励保险企业进行保险产品服务创新及商业模式创新，充分发挥保险作用参与社会环境共治，是新时代背景下转变政府职能，提升职能部门社会治理能力的要求，也是深化落实政府部门“放管服”改革，践行“六稳”“六保”的有利举措。

（二）为深化金融改革，支持产业链协同复工复产带来示范效应

复工复产保险是保险业探索保险创新综合试验区建设的重大尝试，为利用保险促进经济高质量发展提供了新方向。保险业在公共事件发生后快速响应，为协同全社会打赢疫情防控攻坚战，积极开发新产品转嫁复工复产期间企业的损失风险，助力企业一手抓防疫一手抓生产，充分发挥保险社会“减震器”作用。在复工企业疫情防控综合保险项目的带动下，东盟保险服务中心持续研究商业型疫情防控综合保险，进一步填补全社会对于疫情防控及复工复产保险的空缺。

（三）为保险业提升服务实体经济和社会发展能力提供示例

复工复产保险的成功落地体现了在新时代背景下，保险业充分发挥保险主体作用，运用国际化风险分散机制，放眼全局思考政保合作模式创新，持续拓展新业务领域，让利实体经济并服务于实体经济，助力实体经济复苏和国计民生稳定发展。有效促进保险行业履行使命，提升专业化风险管理意识，在重大灾害面前快速反应，主动担当作为，为企业纾难解困，为社会发展尽行业义务。同时提高服务创新能力，灵活运用风险管理手段，提供精准服务方案，实现人民利益至上和社会效益最大化。

本文主创团队：中国太平保险集团有限责任公司东盟保险服务中心

执笔人：王渺、罗宇迪

全区首创复合模式跨省并购 A 股上市公司

2020 年，广西梧州中恒集团股份有限公司（以下简称“中恒集团”）贯彻落实《广西壮族自治区建设面向东盟的金融开放门户总体方案》（以下简称“《总体方案》”）工作部署，围绕服务实体经济、深化金融改革等重要任务，创新通过“二级市场增持+表决权委托+参与非公开发行”复合模式，成功并购重庆首家 A 股创业板上市公司重庆莱美药业股份有限公司（以下简称“莱美药业”），2020 年 4 月取得上市公司控制权，着力向广西引入化学药、生物医药产业。本次并购使广西新增对一家 A 股上市公司的控制权，是广西首个跨省并购 A 股上市公司案例、首个上市公司跨省并购上市公司案例，也是中国资本市场鲜有、医药健康行业领先、广西首个“二级市场增持+表决权委托+参与非公开发行”复合模式并购案例，为广西上市公司创新发展提供借鉴，对着力加强产业承接落地，主动引入开放合作机制，特别是探索构建多元化股权合作长效机制，有较强应用价值。

一　案例简介

（一）背景情况

中恒集团成立于 1993 年，是由中国西南地区首家世界 500 强企业广西投资集团有限公司控股的上市公司（市值约 100 亿元），主要经营业务分为医药及医疗防护用品制造、食品生产、种植三大板块，其中医药板块为核心板块，主要开展中药生产制造业务。近年来，中恒集团认真落实《总体方案》的要求，贯彻“强龙头、补链条、聚集群”的战略思想，形成通过外延式并购提升企业综合竞争力的发展思路，聚焦医药健康领域开展投资并购工作，推动企业从传统中药向新型化学药、生物药转型，助力广西医药健康产业高质量发展。

并购对象莱美药业成立于1999年，是重庆首家A股创业板上市公司（市值60亿~70亿元），中恒集团入主成为控股股东，莱美药业将直接获得资金支持，融资能力得到提升，助力其经营、研发等各项业务的发展。莱美药业主营业务为医药制造，2019年被工业和信息化部认定为“国家技术创新示范企业”，主要产品涵盖抗感染类、特色专科类（主要包括抗肿瘤药、消化系统药、肠外营养药）、大输液类、中成药及饮片类等。莱美药业拥有全球独家品种纳米炭混悬注射液，以及全国首家上市仿制药品，具体如下。

一、纳米炭混悬注射液（卡纳琳），它是甲状腺领域的核心产品、全球独家上市的创新药品，以及唯一获得原国家食品药品监督管理总局批准的淋巴示踪剂，被评为“2017中国化药制药行业其他各科用药优秀产品品牌”，2018年、2019年获“中国化学制药行业原研药、专利药优秀产品品牌”，2019~2021年获工业和信息化部“制造业单项冠军产品”。

二、艾司奥美拉唑肠溶胶囊（莱美舒），我国首家上市国产艾司奥美拉唑口服制剂，其作为新型质子泵抑制剂（PPI），主要用于治疗胃食管疾病，2018年和2019年连续两年被评为“中国化学制药行业消化系统类优秀产品品牌”。

此外，莱美药业在研发方面有一定实力，在科研创新方面形成了以肿瘤靶向化疗的纳米药物技术等为代表的自主创新研发平台，部分重点品种研发进度见表1。

表 1　莱美药业部分重点品种研发进度

项目名称	注册分类	适应症	2020 年上半年进展情况	近期拟达到的目标
纳米炭铁	化药 1 类	抗肿瘤药物	在研	注册申报
艾司奥美拉唑镁原料及胶囊	化药 3 类	质子泵抑制药	在研	注册申报
艾司奥美拉唑镁肠溶片	化药 4 类	质子泵抑制药	在研	注册申报
奥美拉唑镁原料及片剂	化药 4 类	质子泵抑制药	在研	注册申报
特利加压素及注射用特利加压素	化药 4 类	消化系统疾病药物	在研	注册申报
注射用磷酸氟达拉滨	一致性评价补充申请	抗肿瘤药物	在研	提交补充申请
紫杉醇注射液	一致性评价补充申请	抗肿瘤药物	在研	提交补充申请
艾司奥美拉唑钠及注射用艾司奥美拉唑钠	化药 4 类	质子泵抑制药	技术审评中	取得注册批件
伏立康唑片	化药 4 类	抗感染药物	技术审评中	取得注册批件

资料来源：《重庆莱美药业股份有限公司 2020 年半年度报告》，https://pdf.dfcfw.com/pdf/H2_ AN202008281403379050_ 1.pdf。

（二）主要做法

2019 年 11 月与莱美药业达成合作意向，至 2020 年 6 月莱美药业完成董事会换届选举，中恒集团用时 8 个月取得并巩固上市公司控制权，至 2021 年 3 月莱美药业非公开发行股份上市，中恒集团用时 17 个月完成全部并购工作。

1. 投资前期工作

明确合作意向，充分协商是启动并购合作的前提工作。2019 年 11 月，中恒集团与莱美药业签订《战略合作框架协议》，莱美药业控股股东计划将占莱美药业总股本 22.71% 的股份所涉及的表决权和提案权委托给中恒集团行使，中恒集团取得莱美药业控制权。

2. 启动并购合作

一是二级市场增持。为逐步取得莱美药业控制权，中恒集团开展二级市场增持工作。2019 年 12 月，中恒集团董事会通过增持莱美药业相关议案，2020 年 1 ~3 月中恒集团以现金 2. 13 亿元购进莱美药业股票，持有莱美药业 4. 47% 股份。

二是表决权委托并设立产业基金。通过受让莱美药业原大股东所持股份的表决权和提案权，中恒集团逐步取得莱美药业控制权。2020 年 1 月，中恒集团与莱美药业实际控制人签署《表决权委托协议》，接受 22. 71% 的股份涉及的表决权和提案权不可撤销委托，期限为 36 个月。2 月，设立南宁中恒同德医药产业投资基金合伙企业（有限合伙），完成首期实缴出资。

三是启动非公开发行。中恒集团及相关产业基金计划认购莱美药业非公开发行股份，使直接持有和拥有表决权的股份数量合计占莱美药业总股本（发行后）的比例超过30%，稳定控股股东地位。2020 年3 月，莱美药业公告非公开发行 A 股股票预案，中恒集团同步公告参与认购莱美药业非公开发行 A 股股票，拟出资 9. 5 亿元认购 2. 1 亿股，双方签署附条件生效的股份认购合同。

3. 批复投资行为

一是广西壮族自治区人民政府国有资产管理委员会（以下简称“广西国资委”）批复。2020 年 3 月，中恒集团收到广西国资委出具的《关于广西梧州中恒集团股份有限公司收购重庆莱美药业股份有限公司有关问题的批复》（桂国资复〔2020〕31 号），原则同意中恒集团收购莱美药业的方案。

二是国家市场监督管理总局批复。2020 年 4 月，中恒集团取得国家市场监督管理总局下发的《经营者集中反垄断审查不实施进一步审查决定书》，决定对中恒集团取得莱美药业控制权案不实施进一步审查。

至此，表决权委托正式生效，中恒集团成为莱美药业单一拥有表决权份额最大股东（22.71%表决权），实际控制人变更为广西国资委。

4. 巩固控制权及批复非公开发行

一是完成换届选举。2020 年 5 月、6 月，莱美药业分别召开董事会、股东大会审议换届选举方案，第五届董事会由 9 名董事组成，其中 5 名董事由中恒集团提名，中恒集团控制权得以巩固。

二是参与认购非公开发行股份。中恒集团出资 9.39 亿元参与认购莱美药业非公开发行股份，进一步巩固其对莱美药业的控制权。2020 年 7 月，非公开发行股份申请获深圳证券交易所受理。2021 年 2 月，中国证监会出具《关于同意重庆莱美药业股份有限公司向特定对象发行股票注册的批复》（证监许可〔2021〕437 号），同意莱美药业向特定对象发行股票的注册申请。2021 年 3 月 22 日，莱美药业新发行股份于深圳证券交易所创业板上市，中恒集团的直接持股比例达 23.43%，加上通过表决权委托的方式取得的莱美药业 17.46% 股份对应的表决权，合计取得莱美药业 40.89% 股份对应的表决权（见图 1）。

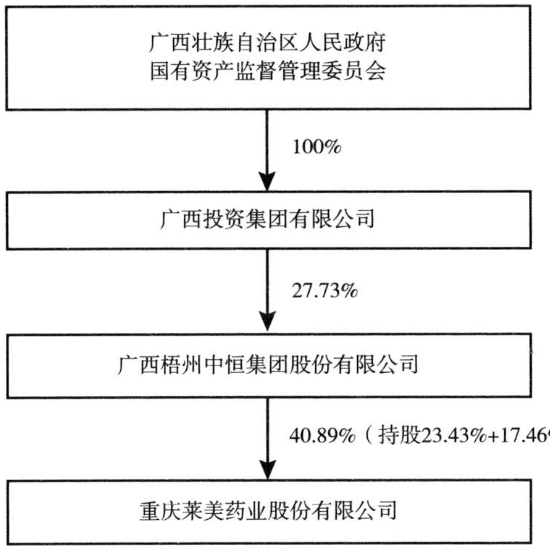

图 1　莱美药业股权结构

（三）取得成效

1. 助力广西扩大市值规模

本次并购的成功实施为广西成功新增对一家A股上市公司的控制权，也为广西资本市场扩大60亿元市值规模。

2. 助力扩大企业营业收入规模

莱美药业2020年营业收入为15.84亿元，并表后当年为中恒集团增加营业收入约11亿元，助力中恒集团及广西国资委营业收入规模不断扩大。

3. 助力企业生物医药产业发展

中恒集团构建起“中药—化学药—生物医药”的发展新格局，莱美药业将作为中恒集团体系内的创新生物医药技术和产品开发、生产、销售平台，提升中恒集团未来盈利能力及其在生物医药行业的地位，践行广西投资集团有限公司打造“大健康产业”的战略规划，打开跨越式发展的通道。

二　创新点

（一）创新以并购方式推进陆海新通道沿线地区产业及资本承接

中恒集团贯彻广西“南向、北联、东融、西合”全方位开放发展战略要求，主动在陆海新通道沿线地区寻找切合发展的合作企业和金融资源。莱美药业系重庆首家A股创业板上市公司，在生物医药行业有较高知名度，特别是纳米炭混悬注射液（卡纳琳）、艾司奥美拉唑肠溶胶囊（莱美舒）等重点药物品种在全国范围内有领先优势。通过本次并购，中恒集团与重庆创新药物研发企业、产业基金等形成了更紧密的合作关系，巩固并强化了原有产业，实现从传统中药向新型化学药、生物药转型，助力产业承接落地。

（二）创新以并购方式为广西新增对 A 股上市公司的控制权

上市公司对地方经济发展有较强促进作用，广西出台《广西壮族自治区人民政府办公厅关于加快推动广西资本市场高质量发展的意见》（桂政办发〔2021〕4 号）、《广西壮族自治区人民政府办公厅关于印发全区企业上市（挂牌）“三大工程”实施方案的通知》（桂政办电〔2018〕215 号）等多个政策文件，鼓励更多企业上市融资。本次并购是广西首个跨省并购 A 股上市公司案例、首个上市公司跨省并购上市公司案例，为广西新增对一家 A 股上市公司的控制权，扩大 60 亿元市值规模，为中恒集团增加约 11 亿元营业收入，切实贯彻广西发展资本市场的战略要求。

（三）创新以复合模式开展 A 股上市公司并购

A 股市场并购上市公司普遍以收购控股权、表决权委托为主要投资方式。本次以“二级市场增持 + 表决权委托 + 参与非公开发行”复合模式开展并购，是中国资本市场以及医药健康行业鲜有的，也是广西首个案例。在取得上市公司控制权的同时，注入经营性资金加快企业发展，努力实现“控股权转移 + 定向融资”的积极成效。

三　应用价值

（一）外延式并购促进广西资本市场做强增量

推广上市公司进行外延式并购，特别是推进跨省并购做强增量，着力从全国性资本市场将优质企业引入广西，一方面有助于定向发展广西重要产业，扩大广西资本市场规模，另一方面有助于探索构建省际多元化股权合作长效机制。

（二）外延式并购推进生物医药产业转移

《总体方案》支持培育经济发展新动能，支持生物医药等产业发展。莱美药业未来可将现有的甲状腺医患健康管理平台、癌症精准诊断与个性化免疫治疗技术平台，以及药物筛选蛋白芯片技术引入广西，填补相关创新药物领域市场空白，助力广西开展创新药物研发工作，吸引产业链上下游企业进驻广西，构建从药物研发到生产销售完整的健康产业链条，支持广西打造成为中国·东盟生物医药创新高地。

（三）探索实践上市公司并购重组新模式

《总体方案》支持围绕重大战略探索金融服务新模式。本次并购在股权方面做了“立足增量、不动存量”的投资安排，使用“二级市场增持+表决权委托+参与非公开发行”复合模式进行投资。这是在符合各项监管规定的前提下，综合资本市场、财务融资、法律合规、经营生产等方面工作进行的创新实践，为深化上市公司并购创新提供参考借鉴。并购模式推广场景如下。

一是以表决权委托方式加速企业控制权转移。本次并购包括接受原股东表决权委托，并购方在实际投入并购资金前，已经取得企业控制权。相对于购买股份等传统交易方式，本模式更早介入投后管理工作，有利于及时发现可能存在的问题，降低并购管理风险。

二是以定向增发方式向被并购企业提供融资支持。本次并购通过参与认购被并购方发行新股份的方式，增加权益巩固控制权，也直接为被并购企业注入了资金。一方面有利于改善企业原有的生产经营状况，另一方面也能够为企业各项业务的开展提供支持。

三是以并购方式推进混合所有制改革。民营企业有多年积淀的行业经验和经营资源。本次合作后，民营企业组织架构、经营管理团队不变更，继续负责科研、生产、销售等日常经营管理工作，国有股东进行战略协同。双方合作正在取得积极成效。对于推广国有控股上市公司及下属企业引入民营资本、民营团队、民营企业深度合作，在上市公司体系内进行混合所有制改革，促进运营机制融合升级，有一定借鉴意义。

本文主创团队：广西梧州中恒集团股份有限公司

执笔人：辜明昊、周子仪

产业扶贫立体网全方位服务脱贫攻坚

中国农业发展银行广西壮族自治区分行（以下简称“农发行广西分行”）把产业扶贫作为脱贫攻坚的关键之举，构建全行产业扶贫工作格局，聚焦产业扶贫重点领域，建立政府主导、银行增贷、企业增产、农户增收的利益联结机制，创新推出政策性金融扶贫实验示范区、产业扶贫风险补偿基金、东西部扶贫协作、“万企帮万村”、供应链金融等支持模式，给予信贷资源、减费让利、绿色通道等政策倾斜，累计投放产业扶贫贷款503.9亿元，支持广西扶贫产业可持续发展，充分发挥了政策性金融在脱贫攻坚中的先锋主力模范作用。

一 案例简介

（一）背景情况

作为国家唯一一家农业政策性银行，中国农业发展银行（以下简称“农发行”）主动作为、积极创新，迅速研发了产业扶贫贷款信贷产品，创新多种产业扶贫支持模式，打造产业扶贫立体网，探索出了产业扶贫与金融扶贫深度融合的新路径，助推贫困地区产业发展，推动贫困人口稳定增收，有效发挥其金融扶贫先锋主力模范作用。自推动产业扶贫工作以来，农发行广西分行把产业扶贫作为精准脱贫、稳定脱贫的关键之举，持续加大产业扶贫贷款投放力度，助推金融扶贫从“输血”到“造血”转变，累计投放产业扶贫贷款503.9亿元，余额289.9亿元，基本覆盖全区54个脱贫县，产业扶贫贷款投放和余额均居全区银行业首位。通过建立政府主导、银行增贷、企业增产、农户增收的利益联结机制，引导贷款企业通过吸纳就业、收购农副产品、委托种养、土地流转、贫困户入股分红等多种形式带动贫困户发展产业实现脱贫致富，带动扶贫产业发展壮大。截至2020年底，带动贫困人口2.3万人次，人均年度增收约5000元，扶贫成效显著。

（二）主要做法

1. 构建全行产业扶贫工作格局

将补齐产业扶贫短板作为重中之重，创建“组织、责任、考核”工作体系，激发全行“当先导、补短板、逆周期”动力。一是首创事业部制扶贫组织体系。率先在全区金融系统成立扶贫金融事业部广西分部，以事业部的组织形式，统筹推动全行产业扶贫业务实施。二是建立工作责任体系。实施分支机构“三级书记抓扶贫”，建立行领导分片包干扶贫责任机制，对支持产业扶贫领域开展“书记问效”。三是加强产业扶贫考核和激励。设置产业扶贫贷款专项考核指标，引导加大支持力度。建立产业扶贫激励机制，将工作成效与评优评先、年度奖金分配挂钩，激励工作成效突出的机构和个人。

2. 聚焦产业扶贫重点领域

一是突出支持贫困地区粮棉油收储，优先支持多元主体在贫困地区收购粮食。二是重点支持贫困地区发展特色产业。加大对龙头企业等新型经济主体的支持力度，促进贫困地区种养加一体发展，因地制宜支持带动贫困户长期稳定增收的地方特色产业和优势产业发展，让更多贫困户分享农业全产业链和价值链增值收益。三是实施专项扶贫工程。依托特有自然人文资源，支持具有良好市场前景、持续造血能力，能够有效带动贫困户脱贫的优质旅游扶贫项目。四是积极支持贫困地区新产业、新业态扶贫。紧密对接地方政府产业扶贫项目库，支持与“三农”密切相关的信息、生物、新能源、节能环保等新兴产业及田园综合体、一二三产融合、扶贫车间等新兴业态在贫困地区落地。

3. 强化产业扶贫利益联结机制

通过建立政府主导、银行增贷、企业增产、农户增收的利益联结机制，引导贷款企业以吸纳就业、收购农副产品、委托种养、土地流转、贫困户入股分红、资产收益等间接或者直接的形式带动贫困户发展产业实现脱贫致富，带动扶贫产业发展壮大。突出扶贫成效导向，对于符合扶贫认定标准的贷款，按照保本微利原则给予最优利率，极大程度上减轻企业融资负担。

4. 加大政策倾斜支持力度

一是开辟绿色通道。产业扶贫贷款优先受理评审、优先匹配信贷规模、优先匹配低成本资金，实行办贷优先、规模保障。二是实行差异化政策。对深度贫困县制定48条差异化支持政策，从降低准入门槛、放宽担保要求、降低融资成本、简化办贷流程等方面给予差异化政策支持。

（三）取得成效

1. 金融服务涵盖范围广

立足地方实际，结合当地产业发展规划，支持粮油政策性和市场性收购；原料蔗收购、制糖等支柱产业发展；油茶、茶叶、牛羊猪家禽养殖、旅游、林业及林下经济、高标准农田等特色产业提升；“三区三园一体”建设；冷链物流体系、农贸批发市场、边民互市区、边境口岸等流通体系建设；“三农”大数据产业等各类新兴产业，三产融合、扶贫车间等各类新兴业态，都安县、大化县“贷牛还牛”“联建联养”等扶贫模式。金融服务基本涵盖了地方产业发展的方方面面。同时，通过支持东西部扶贫协作、“万企帮万村”精准扶贫行动，打造了广西湘桂集团、广西丹泉集团、广西凤翔集团、广西来宾东糖集团等一批脱贫攻坚生力军。

2. 贷款扶贫成效显著

重点支持资源有优势、市场有需求、扶贫成效显著的特色产业项目和龙头企业。如在“中国油茶之乡”三江侗族自治县，农发行三江侗自治县支行主动服务政府及企业需求，投放林业资源开发与保护贷款2.7亿元，为全县开展油茶种植提供了资金保障，实现种植油茶林约15万亩，带动8000余农户实现增收，增强了产业带贫效应，助力地方特色扶贫产业发展壮大。

3. 信贷资金供应量大，减费让利优惠多

农发行广西分行对产业扶贫贷款信贷资金供应量大，自产品推出以来，累计投放产业扶贫贷款503.9亿元，基本覆盖全区54个脱贫县，产业扶贫贷款投放和余额均居全区银行业首位。同时给予减费让利，缓解企业融资贵问题，2020年投放的产业扶贫贷款平均年利率3.93%，年均让利达3966万元。

二　创新点

扶贫产业往往存在规模小、产业链条短、抵御市场风险能力弱、担保难落实等问题，为增强贫困地区“造血功能”，农发行广西分行在先试先行、融资引领、担保补偿、合作模式等方面大胆创新，打造支持产业扶贫的立体网络，全方位服务脱贫攻坚与乡村振兴。

（一）创新推出政策性金融扶贫实验示范区模式

中国农业发展银行率先与国务院扶贫办联手探路金融精准扶贫，创立百色市政策性金融扶贫实验示范区，探索设计合理的风险容忍度，保护发展产业扶贫积极性，鼓励首创精神，积极推动产业扶贫业务模式、管理模式、办贷管贷流程等创新优化在实验示范区先试先行、率先落地，全行第一笔政府产业风险补偿基金贷款、第一笔供应链金融模式贷款、第一笔“土地+产业园区”贷款在百色成功落地，为金融服务脱贫攻坚注入强劲动力。

（二）创新推出产业扶贫风险补偿基金模式

结合农发行优惠政策、地方政府资源，推动地方政府与企业联合设立隆林农业产业扶贫风险补偿基金（见图1）。农发行广西分行对纳入政府补偿基金项目库的项目给予5～10倍的信贷支持。贷款风险损失原则上由风险补贴基金（政府出资部分）、贷款银行及风险补偿基金（贷款企业出资部分）按6∶3∶1的比例分担。形成"政府＋银行"联合筛选企业，贷款风险政银企三方共担的产业扶贫支持模式，充分利用风险补偿基金撬动信贷杠杆，破解中小微企业融资难问题。

图1　农发行广西分行通过产业扶贫风险补偿基金模式支持隆林各族自治县三冲茶产业扶贫项目

（三）创新推出东西部扶贫协作模式

充分发挥金融系统组织优势，通过总行牵线搭桥，引进北京大北农科技集团股份有限公司到隆林投资8.7亿元建设年出栏50万头生猪生态农业产业链项目，通过"公司＋合作社/养殖小区＋农户"的模式，提高隆林生猪养殖产业的规模化、现代化程度，带动隆林产业扶贫发展（见

图2）。同时农发行广西分行通过东西部扶贫协作的有关政策予以支持，为该公司提供配套授信2.3亿元，并给予利率优惠等政策倾斜，助力扶贫项目落地。通过引入东部优质企业和扶贫项目，并予以配套信贷支持，推动东西部协调发展、协同发展、共同发展的大战略，实现先富帮后富。

图2　农发行广西分行开展东西部扶贫协作引入50万头生猪生态农业产业链项目

（四）创新推出“万企帮万村”模式

大力支持“万企帮万村”模式，搭建政银企扶贫协作平台，积极与自治区工商联、扶贫办等部门建立合作机制，攻坚“万企帮万村”精准扶贫行动企业名单，择优选择一批扶贫成效显著、社会影响力良好的企业作为示范企业优先支持，打造产业扶贫精品工程。将“万企帮万村”省级四方合作平台工作机制向市县一级延伸，对接“万企帮万村”行动项目库，打造广西湘桂集团、广西丹泉集团、广西凤翔集团、广西来宾东糖集团等一批脱贫攻坚生力军。

（五）创新推出供应链金融模式

在支持龙头企业发展特色产业方面，积极创新融资模式，解决银企“两难”。一是推出供应链金融模式，解决单个企业“风险防控难”。以产业化龙头企业贷款客户广西丹泉酒业有限公司为核心企业，支持其供应链上下游客户，通过上游粮食供应商掌握企业的原材料采购情况，通过下游贸易企业掌握企业产品销售和市场导向，掌握的供应链企业经营信息更加全面，实现物流、商流、资金流和信息流的整合，既解决了小微企业融资难题，又能延伸银行的服务纵深，实现单个企业的不可控风险转变为供应链企业的整体可控风险。二是因企施策优化贷款担保方式，解决小微企业“融资担保难”。由广西丹泉酒业有限公司为供应链上下游客户贷款融资提供保证担保，有效降低小微企业融资担保门槛。

三　应用价值

（一）健全的机制体制助推金融高质量服务乡村产业振兴

高质量服务巩固拓展脱贫攻坚成果和乡村振兴并非易事，脱贫地区产业发展尚处在起步阶段，支持脱贫地区培育产业难度比一般业务要大，通过加强顶层设计，建立健全完善的组织体系、坚实的责任体系、明确的考核导向，有利于激发全行积极性，推动各项工作、各种资源、各项政策、各方力量向服务乡村产业振兴倾斜。

（二）助推政银企在支持乡村振兴中发挥最大合力

“万企帮万村”、东西部扶贫协作、产业扶贫风险补偿基金等创新支持模式，搭建了良好的政银企三方沟通平台，通过“政府 + 银行”联合筛选企业和项目，将银行的专业优势与地方政府组织优势、脱贫地区的资源优势充分融合，解决市场化运作中信息不对称的问题，有利于更快、更好地支持政府发展规划和重点产业落地，有利于解决脱贫地区融资难、融资贵问题，有利于政银企在支持乡村振兴中发挥最大合力。

（三）政策性金融扶贫实验示范区经验为打造乡村产业振兴示范样板提供了有效路径

脱贫攻坚时期，百色市政策性金融扶贫实验示范区先试先行，为打赢脱贫攻坚战提供了强劲的动力。在“十四五”巩固拓展脱贫攻坚成果同乡村振兴有效衔接时期，通过强化示范引领，选取发展意愿强烈、地方经济社会基础较好的若干市县作为金融试验区，开展先行先试，向地方政府、总行争取政策优惠，打造一批乡村振兴重点帮扶“示范窗口”，有助于以点带面推动广西乡村产业高质量发展。

（四）供应链金融模式为支持乡村产业振兴提供了有效模式

乡村产业往往存在规模小、抵御市场风险能力弱、担保难落实等问题，供应链金融模式以核心企业为基础，结合核心企业整体实力、经营规模、资信状况、抗风险能力等因素，依托信息流、资金流、物流及商流，优选供应链上下游符合条件的客户，重点支持聚焦主业、技术先进、有市场竞争力的优质小微企业，可实现单个企业的不可控风险转变为供应链企业的整体可控风险。同时，通过核心企业提供保证担保、应收账款质押担保等方式，有利于解决小微企业“融资担保难”问题。

本文主创团队：中国农业发展银行广西壮族自治区分行

执笔人：吴筱琳、刘惠敏

破解“六大难题”构建“五位一体”农村信用体系

近年来，巴马瑶族自治县以深化农村金融改革“田东模式”为契机，探索构建“五位一体”农村信用体系，建立开放式、智能化的巴马农村信用信息系统，开发“信用巴马”网站和微信公众号，建立多维联动、动态更新的信息采集机制和开放包容、适用性更强的信用评价机制，并不断拓展应用场景完善信用激励约束机制，从信息采集的准确性、信息更新的动态性、信用评价的权威性、信用应用的广泛性、村民参与的积极性、信用覆盖的全面性等六个方面破解了农村信用体系建设难题，优化了开放发展的金融生态环境，提升了金融服务乡村振兴的能力，创新发展了以信用为基础的普惠金融，并用金融的方法将市场的契约精神与农村的“熟人社会”结合，形成了正向激励机制，推动了乡村治理现代化。

一　案例简介

（一）背景情况

在2015年的中央扶贫开发工作会议上，习近平总书记对广西田东县的农村金融改革工作给予了充分肯定；广西壮族自治区地方金融监督管理局等相关部门多次发文推广农村金融改革“田东模式”，信用建设是最关键的内容之一；且《社会信用体系建设规划纲要（2014—2020年）》等文件要求建设农村信用体系。

巴马虽然是深度贫困地区，但坚持越是贫困地区越要走开放发展之路；《广西壮族自治区建设面向东盟的金融开放门户总体方案》明确要求构建良好金融生态环境；巴马通过建立“五位一体”农村信用体系优化金融生态环境，为桂西北融入面向东盟的金融开放门户建设探索新路径。

脱贫攻坚时期投入大量人力、物力、财力，必须建立起具有内生动力的乡村治理体系，构建脱贫地区持续发展的长效机制，为新时代乡村振兴夯实治理基础。

（二）主要做法

1. 构建“五位一体”农村信用体系

从经济、政治、文化、社会、生态文明五个方面构建信用体系。构建积极向上的经济生态指标，借鉴国务院扶贫办精准识别指标来源，从住房家电、基础设施、家庭收入、家庭资产、就业创业等方面构建经济指标，全面激发村民勤奋努力争取得高分的积极性。构建风清气正的政治生态指标，从爱党爱国爱家乡、积极入党、热心村级公共服务等方面构建政治指标，引导农户拥护党的领导、热爱祖国，引导村“两委”干部遵规守纪。构建优秀自信的文化生态指标，从优秀传统文化传承、教育教学等方面构建文化指标，引导村民自觉传承中华优秀传统文化，自觉遵守意识形态和宗教民俗活动的相关规定。构建团结和谐的社会生态指标，从遵纪守法、尊老爱幼、道德品质等方面构建社会指标，强化社会主义核心价值观的建设。构建山清水秀的自然生态指标，从家园干净整洁、公共环保自觉、爱护公共资源等方面构建自然生态指标，强化生态文明和环境保护意识。

2. 建立开放式、智能化的巴马农村信用信息系统

开发巴马农村信用信息系统、“信用巴马”网站和微信公众号（见图 1），为乡村信用主体建立信用信息电子档案，采取传统人力与信息手段相结合的方式，精细化推进农村信用体系建设和管理，巴马农村信

用信息系统将信用主体从初期的信用农户、新型农业经营主体逐步拓展到信用小微企业、信用村、信用乡（镇），形成覆盖全部乡村信用主体的信用体系。

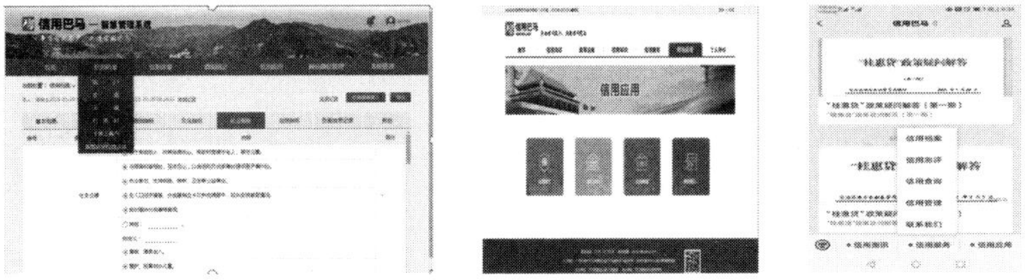

图1　“五位一体”巴马农村信用信息系统、“信用巴马”网站和微信公众号

3. 建立多维联动、动态更新的信息采集机制

建立信用承诺制度，村级评级小组成员、农户签订守信承诺书；建立信息审核制度、抽检惩罚制度，确保信息真实准确；建立“自我主动申报、干部进村采集、部门联动导入”的多维信息采集制度。农户可通过“信用巴马”网站或微信公众号申报、更新信用信息，村干部及法院、公安、信访、市场监管、金融等部门定期导入、维护信用信息，实现信用信息数据的动态更新、自我纠错、异议处置。建立信用信息拓展机制，信用主体申报信用信息时可以自定义添加文字、图片、视频等指标信息，充分发挥信用主体的创造性。

4. 建立开放包容、适用性更强的信用评价机制

在巴马农村信用信息系统中建立信用评价平台，以信息指标库为基础，可以选择不同的评级指标，实现评分公式与指标分值的灵活设置、系统评分与人工评分的相互配合，从而可根据不同的应用场景、不同的业务用途，由不同的权威评级机构设置不同的评分公式，形成适用不同需求的信用报告。建立“巴马分”信用评价机制。以经济指标为主，经济、政治、文化、社会、生态文明指标分别占比50%、10%、10%、

20%、10%，评出农户的信用分数——“巴马分”。将农户信用分为B级和1A～5A级共六个等级，1A级及以上为“信用户”。存在负面信息记录则直接列为“失信农户”，3年内不能评为“信用户”。建立信用评价联动机制。制作“信用卡”，发放“信用手册”，村村开展“十佳信用户”评选活动。全村信用户达到70%，有一个好的村“两委”班子，且全村不良贷款率保持在2%以下的行政村，可评定为信用村。截至2021年3月，累计58991户农户参与信用评级，参评率达94.62%，信用户占比84.07%；信用村86个，信用乡镇10个，信用新型经营主体48个。

5. 构建多元应用体系，完善信用激励约束机制

2020年4月15日，巴马瑶族自治县人民政府印发《巴马瑶族自治县“五位一体”农村信用体系守信联合激励失信联合惩戒实施办法（试行）》（巴政办发〔2020〕43号）等政策，4A级以上信用户乘坐县内公共交通、到县内景区景点旅游，凭信用二维码可享受优惠；信用主体优先享受医疗一站式服务；政府购买服务、公益性岗位向信用评价更好的主体倾斜；村“两委”干部选拔、党员发展等与信用等级挂钩；产业政策方面，涉农建设项目资金优先支持信用村、信用户。推出“信用＋信贷”模式。由金融机构给“信用户”授信，并制定信用户贷款优惠政策。随信用等级增加给予更高的授信额度，最高可达30万元。金融机构根据农户信用评级、授信情况，免抵押、免担保为农户发放信用额度内的小额贷款（见图2）。农户等信用主体可通过“信用巴马”网站或微信公众号进行线上申请贷款，实现线上线下协同办理，提升信贷服务效率。推出“信用＋担保”模式。广西农业信贷融资担保有限公司与中国农业银行河池分行推出“桂农担－集贷保”，应用巴马农村信用体系建设平台的信息数据，替代合作银行的贷（保）前调查工作，简化放贷流程，提高放款时效。推出“信用＋保险”模式。为信用户提供政策性农业保险支持，并通过巴马农村信用信息系统推动线上办理，提高效率。推出“信用＋数字乡村”模式。通过融合“信用建设”

“金融服务”“电商服务”，农户等信用主体可将特色农产品等通过系统平台展示及交易。“五位一体”农村信用体系的广泛应用激发了村民的积极性，有效实现“要我建档”“要我评级”向“我要建档”“我要评级”的转变。

图2　信用评级授信支持农户发展生产

6. 建立健全信用体系建设工作机制

积极作为，建立联席会议制度，建立县、乡、村三级信用建设工作组。加强与上级部门对接，自治区、河池市各级部门和金融机构到巴马给予大量指导。巴马瑶族自治县金融服务中心等县直部门、各乡镇、中国人民银行巴马县支行、驻县各金融机构紧密协作，并注重把握政府与市场的关系，形成共同推进但分工合理的良性机制。

7. 健全政、银、保、担协作机制，深化升级农村金融改革“田东模式”

强化政银协作，中国建设银行巴马支行、柳州银行巴马支行、中国银行巴马支行纷纷设立。农业银行下沉甲篆镇新设立二级支行。农村信用社改制成为河池第一家农村商业银行。强化政保协作，不断完善保险服务网络，建立保险机构与服务片区按服务质量动态调整机制，协调四家保险公司统一投保流程，简化投保审核程序，通过信用体系引导农户自觉参保、诚信投保、诚信报损。强化与政策性担保机构合作，注资河池市小微企业融资担保公司、广西农担公司等担保机构，为巴马经济主体提供担保服务。深化村级金融服务，推动村级金融服务与基层组织建设相结合、政府服务引导与市场运作主导相结合、信贷服务与风险防控相结合“三个结合”，健全村级金融服务机制。同时，推动农村产权和土地制度改革，改进乡村产业发展方式，激发更多农村金融有效需求。

（三）取得成效

1. 有效提升了农村金融供给能力

从 2015 年末到 2020 年末，全县各项贷款余额从 20.95 亿元增长到 64.06 亿元；存贷比由 2016 年的 46.98% 上升到 2020 年末的 82.15%：不良贷款率持续保持全市最低（见表 1）。2016～2020 年全县累计发放农户贷款 4.58 万户次 31.48 亿元，余额 18.77 亿元。政策性农业保险赔付额从 2016 年的 47.05 万元增长到 2020 年的 569.86 万元。政策性担保累计撬动 12.19 亿元的金融资本，在保余额 4.24 亿元。

表 1　巴马全县 2015～2020 年末存贷款余额及存贷比

单位：亿元，%

年份	2015	2016	2017	2018	2019	2020
存款余额	48.55	51.66	59.77	69.24	72.45	77.98
贷款余额	20.95	24.27	31.41	38.49	51.29	64.06
存贷比	43.15	46.98	52.55	55.59	70.79	82.15

2. 形成了向上向善的正向激励机制

“五位一体”农村信用体系，将对群众的金融支持与其信用积分挂钩，让“无形信用”变成看得见、摸得着的“真金白银”，形成积极向上、竞相脱贫、勤劳致富的正向激励机制。同时，培养了农户的市场经济意识和责任意识，并引导群众在发展经济的基础上，从道德转变、价值重塑、素质提升等各个方面提升自我能力，增强自信心，真正将脱贫致富由外在推动转变为内生发展。

3. 优化了高质量发展的营商环境

农民素质和信用意识不断提升，干部群众“言必信、行必果”成为招商引资的金字招牌。2016 年以来，行业领军企业纷纷入驻巴马，投资项目从 2016 年的 15 个增长到 2020 年的 122 个，计划投资额从 100 亿元增长到 789.5 亿元。各金融机构加大特色文旅、康养等绿色生态产业支持力度，推动发展方式加快转变。

4. 有力推动了乡村治理现代化

农户、村屯、乡（镇）、新型农业经营主体、小微企业等形成了信用共同体，信用认证成为农民的“道德身份证”，全县形成“争当信用户、争创信用村，共建信用巴马”的氛围。村民自觉摒弃陈规陋习，积极参与“书香巴马”等活动，红色文化、长寿文化等优秀文化广泛传承。全县群众安全感满意度从 2016 年的 89.93% 提升到 2020 年的 98.29%。2020 年 7 月，巴马被中央依法治国办批准为“全国法治政府建设示范县”。

5. 得到各级部门和社会各界充分肯定

荣获中国民生发展论坛“2019 城乡社区发展治理创新案例”。作为 2020 年广西第四批改革典型，经验在全区复制推广。中国开发性金融促进会普惠金融工作委员会主办的普惠金融扶贫现场会在巴马召开，与会专家对“五位一体”农村信用体系助推金融扶贫和乡村治理给予高度评价（见图 3）。自治区党委组织部、政法委、改革办、绩效办、地方金融监督管理局及北京大学调研组等各级部门多次现场调研，人民网、新华网、《光明日报》、《农民日报》、广西电视台等新闻媒体给予广泛报道。

图 3　普惠金融扶贫现场会在巴马召开

二　创新点

（一）创新破解了农村信用体系建设的难题

创新信用信息采集、评价、管理机制，从信息采集的准确性、信息更新的动态性、信用评价的权威性、信用应用的广泛性、村民参与的积极性、信用覆盖的全面性等六个方面破解农村信用体系建设难题，为农村信用建设持续推进探索了新路径。

（二）创新发展了以信用为基础的普惠金融

“五位一体”农村信用体系通过信息化、数字化的手段，在金融机构与农户之间架起了“信用桥梁”，畅通了“信贷、保险、担保通道”。金融机构基于信用评级发放信用贷款，实现了一次授信、随时用信、循环使用，极大方便了农户融资需求。

（三）创新通过金融的方法促进乡村社会治理

用金融的方法，将市场的契约精神与农村的“熟人社会”结合，探索建立以信用为核心的乡村社会治理机制，带动提升政治、自治、法治、德治、智治“五治”融合水平，实现政府治理和社会调节、居民自治的良性互动。

（四）创新探索了有效衔接乡村振兴的“1+1+N”工作机制

所谓“1+1+N”工作机制，第一个“1”是全面加强基层党组织建设，解决领导力问题；第二个“1”是“五位一体”农村信用体系，解决激励机制和内生动力问题；“N”即财政金融支持、政策性保险支撑、农村产权制度改革、人的全面发展保障、社会协作支持等多个方面的协同保障体系，充分发挥政府、市场、社会的协同作用，将农村金融改革融入全面深化农村改革，以信用服务带动金融服务，以资金的流通促进土地、人才等城乡要素的流通，促进城乡融合发展，破解城乡发展不平衡不充分问题，助推乡村振兴。

三　应用价值

（一）发挥基层政府的有效作用，优化开放发展的金融生态环境

2021年1月4日，《中共中央、国务院关于全面推进乡村振兴加快农业农村现代化的意见》提出，支持市县构建域内共享的涉农信用信息数据库。自治区政府和地方金融监督管理局等部门多次发文要求建立农村信用体系。巴马“五位一体”农村信用体系可供借鉴，助推各市县地方政府在自治区地方金融监督管理局等相关部门的统一指导下，完善优化农村信用体系，为各地开放发展营造良好的金融生态环境。

（二）推动传统金融向科技金融转变，提升金融服务乡村振兴能力

通过巴马农村信用信息系统，金融机构获取涉农客户信息更全面、

更便捷，破解了信息不对称、经营成本高等难题；通过信用评估农户还款意愿和还款能力，完善授信机制，实现了可持续的农村金融服务。随着4G网络的全覆盖、5G网络的逐步推广和移动终端的功能完善，农户通过“信用巴马”网站或微信公众号就可自助用信，便捷度大大提高，推动传统农村金融向融合“电商服务”“数字乡村”的“数字普惠金融”转型升级。

（三）与乡村治理有效结合，推动乡村治理体系和治理能力现代化

“五位一体”农村信用体系内容涵盖乡村治理的方方面面，各方面相互影响、相互制约，形成民乡村信用共同体；依托信息化、数字化手段，形成网格化与网络化相结合的乡村治理新格局；通过建立正向激励机制，调动群众积极推动农村经济、政治、文化、社会、生态文明建设，推动“五位一体”总体布局思想在乡村基层落地开花。

本文主创团队：中共巴马瑶族自治县委员会
巴马瑶族自治县人民政府
执笔人：李润权、张春梅

广西首单非金融企业“次级永续债”

非金融企业通过发行永续债，可以有效补充企业的权益资本水平，在资产负债表中体现为权益资本占比的提升，进而达到降低资产负债率的作用。永续债不仅拓宽了企业补充权益资本的渠道，还丰富了债券市场投资品种的维度，对于发展多元化金融服务体系具有重要意义。近年来，国家对企业财务规范的要求日益严格，“永续债到底能否真正被认定为权益”成为专家们关注的焦点。在此背景下，“次级永续债”应运而生，其在条款设计上更为契合现行的企业会计规定，募集资金计入企业所有者权益的保障程度更高，更有利于应对会计政策变动所带来的不确定风险，具有较强的示范效应及推广价值。

一　案例简介

（一）背景情况

国有企业肩负着服务国家经济社会发展的重要使命，近年来企业以投资促规模、向规模要效益的做法，逐渐形成资产规模和负债规模同步大幅增长的局面，但在这一过程中，企业的资产负债率不断攀升，经营效率出现下降，运行风险有所上升。为此，中共中央办公厅、国务院办公厅对国有企业降杠杆、减负债提出更高要求，将加强国有企业资产负债约束作为打好防范化解重大风险攻坚战的重要举措，并明确国有企业平均资产负债率到 2020 年末较 2017 年末降低 2 个百分点左右。总而言之，国有企业如何在稳定发展的前提下，采取有效措施，合理合规地压降资产负债率、优化债务结构，已成为其可持续发展的核心问题。在此背景下，中国银行间市场交易商协会于2013年试点推出了永续债这一款新型产品，通过设置“无固定期限、利息递延支付”等条款，使得会计师事务所在审计企业财务报表时，可以将募集资金计入权益类科目，永续债便成了企业补充所有者权益、降低资产负债率的新型金融工具。但随着永续债发行规模的快速增长，监管部门也开始关注永续债的相关情况，关于永续债到底能否真正被认定为权益，尤其是永续债偿付顺序与企业普通债务相同这一关键点，引发外界广泛热议。

2019年1月，财政部发布《永续债相关会计处理的规定》（财会〔2019〕2号），即“永续债新规”，进一步明确永续债计入权益的分类标准，引导企业和投资机构合理、规范运用永续工具，充分发挥创新金融工具服务实体经济的作用。自此，市面上主流的会计师事务所对于永续债计入权益的条件大幅提高，在永续债的到期日、清偿顺序、利率跳升和间接义务等方面做出了更严格的要求，特别是明确永续债清偿顺序应劣后于企业其他普通债务，这就是核心的“次级”条款。

然而，由于“次级永续债”的权益属性较强，“次级永续债”刚问世时，无论是发行人还是投资者均持谨慎、观望态度，一方面是发行人认为“次级永续债”的发行难度会加大、发行成本会增加；另一方面是投资者对“次级永续债”的认识不足，投资也需要承担更高的风险。因此，在2020年第三季度以前，全国市场“次级永续债”累计发行规模非常小，整体处于萌芽阶段，广西地区尚无发行先例（见表1、图1）。

（二）主要做法

广西桂冠电力股份有限公司（以下简称“桂冠电力”或“发行人”）是全国第一家以股份制形式筹集资金进行大中型水电站建设的A股上市公司，主营业务涵盖水力、风力、火力发电及新能源发电等，是服务广西建设面向东盟的金融开放门户、支持共建“一带一路”的重要

表 1　全国“次级永续债”累计发行规模和发行数量统计

单位：亿元，只

省份	北京	广东	上海	湖北	福建	云南	天津	河南
发行规模	1839. 60	202. 00	159. 00	60. 00	50. 00	50. 00	46. 00	27. 00
发行数量	104	12	11	2	2	3	4	2
省份	湖南	浙江	江苏	江西	山东	陕西	四川	
发行规模	20. 00	20. 00	15. 00	10. 00	10. 00	10. 00	10. 00	
发行数量	1	2	2	1	1	1	1	

注：表中为本次广西首单非金融企业“次级永续债”注册前（截至 2020 年第三季度末）全国“次级永续债”累计发行规模和发行数量的统计情况。

资料来源：招商银行、Wind 资讯。

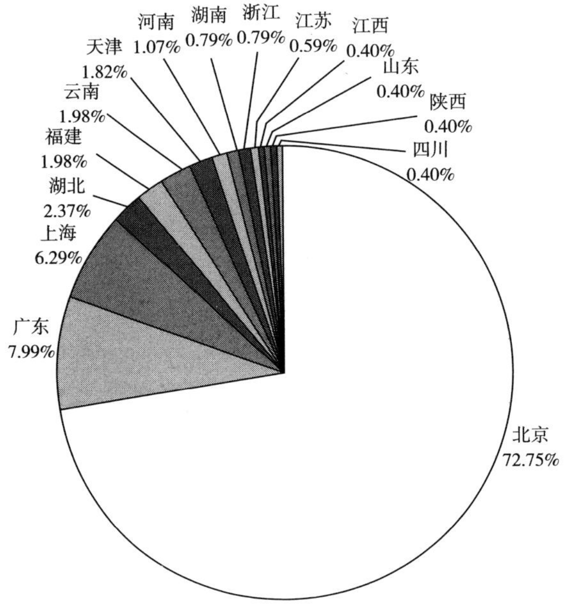

图 1　全国“次级永续债”累计发行规模集中度统计

注：图中为本次广西首单非金融企业“次级永续债”注册前（截至 2020 年第三季度末）全国“次级永续债”累计发行规模集中度统计情况。其中，北京、广东、上海三地的“次级永续债”发行规模集中度高达 87. 03%。

资料来源：招商银行、Wind 资讯。

能源企业。面对2020年底的“降负债大考”，发行人希望尽快发行永续债补充权益，降低资产负债率。

招商银行股份有限公司（以下简称“招商银行”或“主承销商”）认真贯彻《广西壮族自治区建设面向东盟的金融开放门户总体方案》的精神，以属地分行为支点，紧紧围绕金融服务实体经济的要求，认真思考、主动作为，以解决客户需求为导向，在充分论证的基础上，及时向桂冠电力建议在全国银行间债券市场以中期票据作为载体，注册含有“次级”条款的永续债，并在2020年底前完成发行，确保会计师事务所在对桂冠电力进行2020年度财务报表审计时将“次级永续债”的募集资金计入权益类科目。

桂冠电力经过慎重考虑，最终采纳“次级永续债”的方案，并聘请招商银行牵头负责本次“次级永续债”的注册与发行，从项目正式启动、开展尽职调查、注册文件撰写、审计机构沟通、整理材料报批到最终取得中国银行间市场交易商协会的正式注册批文，用时不到2个月，在2020年11月以前顺利完成了发行前的各项准备工作。然而，这仅仅是第一步，确保在2020年底前成功发行才最为关键。

进入2020年第四季度以来，一方面恰逢“华晨汽车”“永城煤电”等国企违约事件迅速发酵，另一方面则是市场流动性急剧收紧，从而导致债券市场剧烈震荡，区域信用分化大幅提升，投资者情绪跌至冰点，大量债券被迫取消发行或推迟发行。[①] 在此背景下，发行“次级永续债”将非常困难，发行广西首单“次级永续债”更是难上加难。面对错综复杂的市场环境，发行人与主承销商充分沟通、紧密配合。一是充

① 根据Wind资讯数据统计，自2020年11月10日至12月10日，推迟或取消发行的信用债多达143只，涉及债券规模1107.2亿元，而此前9月、10月单月取消或推迟的金额仅为571亿元、332亿元。

分挖掘项目各种投资亮点，提前开展销售路演工作，引导投资机构正确认识“次级永续债”，正确理解“次级”权益属性项下的投资优势，尽最大努力打消投资者对于业务结构、发行主体的投资顾虑。二是坚持以市场为导向，合理设置价格区间，与各类投资者充分沟通，适当提高投资者对于发行价格的预期，最大限度吸引投资机构参与，不断夯实基石投资量。三是合理利用动态发行机制，以发行成功为底线，做好两手准备，以便让发行人与主承销商掌握更多主动权，通过引入价格竞争，尽最大可能提高簿记倍数，有利于获得更好的发行价格。

功夫不负有心人。2020 年 12 月 16 日，广西桂冠电力股份有限公司 2020 年度第一期中期票据（以下简称“本次‘次级永续债’”）成功发行。本次“次级永续债”采用动态发行机制，基础发行金额 10 亿元，发行金额上限 20 亿元。簿记发行时，一共吸引 20 多家广西区内外的投资机构参与认购，全场簿记倍数 1. 89 倍，最终成功在银行间债券市场成功募集资金 14 亿元，发行利率 4. 66%，帮助发行人降低资产负债率约 3 个百分点，项目取得圆满成功。

（三）取得成效

1. 积极响应国家政策号召

根据中共中央办公厅、国务院办公厅 2018 年 9 月印发的《关于加强国有企业资产负债约束的指导意见》文件精神，国有企业降杠杆、减负债是当务之急。近年来，国家对企业财务规范的要求日益严格，永续债计入权益的标准大幅提高，本次“次级永续债”按照财政部“永续债新规”的各项要求对永续债的核心条款进行改造优化后，高度契合现行会计政策要求，符合国家关于提升金融服务实体经济能力的政策导向。

2. 树立广西国企优质形象

本次“次级永续债”通过与监管机构以及市场上各投资机构深入

沟通交流，提高了各方对广西国企的认可度，提振了各方对广西国企的投资信心，过程中吸引了各类银行理财资金、保险资金、券商资金等20多家投资机构积极参与，最终在发行时得到市场的热烈响应，顺利以广西地区非金融企业发行永续债最低的利率完成发行，实现“引资入桂”，为其他广西国企创造了更好的融资环境。

3. 加快锻炼专业人才队伍

要创新必将面临诸多未知的挑战，本次“次级永续债”发行难度非常大，对主承销商的专业素养及应变能力提出了非常高的要求。项目的成功落地，体现了主承销商积极探索、敢于实践的拼搏精神，展示了主承销商在复杂条件下高效、灵活的工作水平，达到了锻炼人才队伍和提升综合化服务客户能力的目的，为招商银行支持广西建设面向东盟的金融开放门户夯实了专业基础，提供了人才支撑。

二　创新点

（一）引入“次级”条款确保计入权益

本次“次级永续债”在设计相关条款时，主承销商与发行人的会计师事务所充分沟通，严格按照财政部“永续债新规”的各项要求，对债券到期日、清偿顺序、利率跳升和间接义务进行了更为“权益化”的改造，特别是在债务清偿顺序中引入“次级”条款的设计，使得募集资金计入权益的保障程度更高，更有利于未来应对会计政策变动所带来的不确定性风险，切实解决发行人“降负债”的迫切需求，高度符合国家金融改革创新的初衷。

（二）差异化销售策略确保项目落地

“次级永续债”因条款设计的特殊性，带有明显的权益属性，对于投资者而言要承担的风险会更高，因此发行难度较“普通永续债”大。本次“次级永续债”恰好遇到债券市场剧烈动荡，传统的“撒网式”销售模式效果不明显。主承销商与发行人商议后，决定采取“点对点”的差异化销售策略。主承销商利用自身渠道资源，梳理出全国范围内有投资永续债经验的投资者，有针对性地开展预销售工作，协调发行人与投资者进行一对一线上路演或现场调研，引导投资者重点关注发行主体经营效益、抗风险能力以及稳定可持续发展能力等，逐个解答投资者的各种疑问，不断强化投资者的投资信心，再以市场为导向充分进行价格预期管理，最终在发行时以接近 2 倍的簿记倍数实现项目顺利落地，并创下广西地区非金融企业发行永续债利率新低。

三　应用价值

（一）积极引导企业规范运用金融工具

近年来，国家对企业财务规范的要求日益严格，“普通永续债”计入权益的保障程度大幅减弱，其条款设计亟待完善。“次级永续债”有效解决了“普通永续债”计入权益与现行企业会计政策之间的矛盾，在投资者不参与企业的实际经营以及不会稀释企业股权的情况下，真正实现降低资产负债率的作用，是企业今后开拓权益资本融资的重要金融工具。

（二）彰显广西加大金融改革的决心

本次“次级永续债”的成功发行，高度符合国家金融改革创新的初衷，丰富了广西多元化金融服务实体经济的产品维度，是广西认真贯彻落实中央“金融服务实体经济”的重要实践，是广西建设面向东盟的金融开放门户的重大成果，充分体现了广西金融创新的自我驱动力，对促进广西金融业高质量发展具有十分长远的意义。

本文主创团队：招商银行股份有限公司南宁分行

执笔人：蒋政宏、江京键

广西首笔法人金融机构全口径跨境融资

为进一步贯彻落实《广西壮族自治区建设面向东盟的金融开放门户总体方案》（以下简称“《总体方案》”）中“加强金融服务实体经济”的要求，不断降低企业融资成本，持续做好产品创新工作，助推法人金融机构登陆国际市场，推进人民币国际化进程，柳州银行股份有限公司（以下简称“柳州银行”）仅用短短2个月的时间，就于2019年12月31日成功落地广西首笔法人金融机构全口径跨境融资业务（以下简称“跨境直贷业务”）。

一 案例简介

（一）背景情况

2018年11月，13部委联合印发《总体方案》，要求推动面向东盟的跨境金融创新工作，加快推进跨境人民币业务创新，扩大人民币在对东盟跨境融资中的使用，以与东盟商业银行融出人民币资金等方式便利人民币在东盟国家的使用。2019年9月，中国人民银行在18个自贸区试点更加便利的跨境人民币结算，以更加开放的举措大力提升人民币跨境金融服务能力，不断扩宽跨境人民币的使用范围，支持开展人民币跨境贸易融资业务，让人民币国际化的进程走深走实。同时，柳州银行作为中小微企业的伙伴银行，以解决中小微企业融资难、融资贵的问题为己任，迫切需要解决融资渠道较窄、融资成本较高的问题。

在此背景下，柳州银行抓住跨境融资政策机遇，立即着手金融创新业务的研发和推进工作，深入研究《总体方案》和《中国人民银行关于全口径跨境融资宏观审慎管理有关事宜的通知》，决定将跨境金融、金融创新、金融合作融为一体，深入开展跨境直贷业务，从而利用境外较低成本的人民币资金为中小微企业发放贷款，达到增加银行自身及企业融资渠道、有效减少企业融资成本的目的，解决面临的痛点、难点。

（二）主要做法

1. 成立专门工作机构

为推进跨境直贷业务落到实处，柳州银行高度重视该项创新工作，专门成立柳州银行建设面向东盟的金融开放门户领导小组，负责政策研究和业务创新。在此期间，柳州银行董事长黎敦满亲自带队到中国银行新加坡分行进行业务沟通和协调，最终确定了业务模式：柳州银行作为保函申请人向中国银行柳州分行申请开立以中国银行新加坡分行为受益人的融资性保函，由中国银行新加坡分行为柳州银行发放贷款。

2. 强化内部协调配合

跨境直贷业务涉及同业授信、借款合同签订、账务处理、备案材料的准备等事项，作为创新业务，内部贸易金融部、授信管理部、法律合规部、金融市场部、计划财务部等相关部门主动担当，密切协作，突破了制度、流程、手续等重重困难，为跨境直贷业务提供了组织保障。

3. 创新各项审批环节

行外各有关参与部门，如中国银行、国家外汇管理局、中国人民银行开拓创新鼎力支持，7 天确认业务模式，1 个月核定同业授信额度，0.5 天监管部门就核定好外债额度，做好登记手续并出具外债额度回执，0.5 个工作日完成外债专户的开立，1 个工作日将融资性保函开出，1 个工作日完成跨境贷款的发放。正是由于内部和外部业务部门的务实高效，才能在短短 2 个月内完成该笔跨境直贷业务（见图 1）。

图 1　国家外汇管理局柳州市中心支局组织召开法人金融机构全口径跨境融资业务推进会

4. 金融活水惠及小微

2019 年 12 月 31 日，中国银行新加坡分行为柳州银行发放了 3000 万元跨境人民币贷款，期限为 3 个月。在收到该笔资金后，柳州银行立刻将该笔资金运用到支持中小微企业发展中，为企业发展注入新的金融动力。

（三）取得成效

1. 降低了融资成本

充分利用在岸和离岸两个市场的不同价格，让企业和金融机构可以多渠道选择更低价格的市场，使企业和金融机构的融资成本持续降低，解决中小民营企业融资难、融资贵的问题，实现银企双赢。该笔跨境直贷金额为3000万元人民币，期限为90天。柳州银行利用该笔资金也为客户发放了90天的3000万元人民币贷款，融资利率较之前降低50BP，为客户节约融资成本约3.75万元。

2. 拓宽了融资渠道

目前，地方法人银行业金融机构主要是向境内银行同业融入资金，跨境直贷业务落地后打破了柳州银行只能向境内同业借入资金的单一路径，让柳州银行的融资渠道更多，从而可以选择更低的利率市场服务实体经济。

3. 助推柳州银行登陆国际市场

柳州银行的市场定位是“立足柳州、服务广西、面向东盟”，在面向东盟方面主要以结算产品为主，未能踏入国际融资资本市场。该笔跨境直贷业务对柳州银行以融资主体的身份进入国际市场起到了里程碑式的作用。未来柳州银行将充分利用这次经验，让自身的国际化路程走得更远、走得更广。

二　创新点

（一）制度办法的创新

该业务属于广西首笔法人金融机构全口径跨境融资业务，没有成功经验可以借鉴，就需要创新机制、办法，确保跨境直贷业务在合规前提下开展。柳州银行通过研究监管部门制定的相关业务章程和内控制度，积极与区外同业沟通、学习，制定了《柳州银行全口径跨境融资业务内控制度》及《柳州银行全口径跨境融资业务操作规程》，让跨境直贷业务有规可循。

（二）审批流程的创新

国家外汇管理局柳州市中心支局创造性地提出同意柳州银行先将借款合同、外债额度申请书等备案材料以扫描件的形式提供给他们进行审核，外债额度的审批在短短半天之内就完成，极大地节省了业务办理时间，对该笔业务能够在2019年12月31日成功办理起到了关键性的作用。

（三）交易主体的创新

该笔业务将广西和新加坡紧密连接在一起，让银行业金融机构与东盟银行的业务合作紧密相连；让广西地方法人金融机构的同业业务在国际市场开花结果，对广西金融机构与东盟金融机构的深入合作起到积极的推动作用。同时，该笔跨境直贷业务使得广西全口径跨境融资政策的市场主体进一步扩大，由以企业作为主要借款主体的市场扩大到“企业＋金融机构”的市场，不仅仅让企业“走出去”，也进一步推动了国内金融机构有序地“走出去”。

（四）跨境人民币业务的创新

自《中国人民银行关于全口径跨境融资宏观审慎管理有关事宜的通知》出台以来，由于境外人民币价格相对高于境外美元价格，且离岸人民币头寸不足，大部分境外借入资金还是外币较多。本次跨境直贷业务与人民币的“引进来”“走出去”相结合，人民币发挥计价、结算和交易作用的过程，让人民币在离岸和在岸两个市场进行流动、在东盟商业银行与广西区银行之间进行流动、在东盟国家与广西之间进行流动。为人民币贸易融资资产在境内外金融机构之间的转让业务提供了借鉴，对人民币国际化起到了积极的推动作用。

三　应用价值

该笔业务作为全区首笔全口径跨境融资业务，体现了本地金融法人机构的创新意识和担当精神，其落地过程和创新点，既为柳州银行积累了经验，打开了一扇“走出去”的门，也为同类金融机构提供了借鉴，具有一定的参考意义。

（一）将《总体方案》中“加强金融服务实体经济”的要求落到实处

该笔3000万元人民币资金从境外借入后便用于为境内制造业实体企业提供资金支持，为境内企业的融资渠道提供了更多的可能性，让它们可以选择更低成本的资金，助力境内企业的发展。

（二）对地方法人金融机构走向国际市场具有借鉴意义

《中国人民银行关于全口径跨境融资宏观审慎管理有关事宜的通知》出台之后，该笔跨境直贷业务进一步拓宽了金融机构的融资渠道，同时也对地方法人金融机构走向国际市场具有重要性意义，起到了积极的推动作用，为金融机构境外借款提供了宝贵的借鉴经验。

（三）跨境直贷业务可推广、可复制

跨境直贷业务让广西地方法人金融机构首次成为借款主体，但是其借入外债的主要流程均没有变化，还是需要经过同业授信额度核定、签订借款合同及相关协议、备案、核定外债额度、登记、提供登记回执、开立外债专户、发放贷款、入账、进行国际收支申报、

归还外债、外债专户的注销等步骤。该业务不仅可以在广西区内地方法人金融机构进行推广和复制，同时也可以推广到其他地方法人金融机构中去。

本文主创团队：柳州银行股份有限公司

执笔人：张超、陈世青

引跨境人民币助环保业发展

中国光大银行股份有限公司南宁分行（以下简称“光大银行南宁分行”）协同光大环保（中国）有限公司，共同推进玉林市生活垃圾焚烧发电项目的收购事项，由光大环保能源（玉林）有限公司负责相关的运营管理，首笔增资资金由光大环保能源（广西）控股有限公司从香港汇入光大环保能源（玉林）有限公司开立的人民币资本金专户，实现了光大银行南宁分行首笔跨境人民币资本金业务。该环保发电项目对玉林市打好污染防治攻坚战颇有助益，为玉林市城市环境提供了更环保、更科学的治理模式。

一　案例简介

（一）背景情况

2018 年 12 月，中国人民银行等 13 部委联合印发《广西壮族自治区建设面向东盟的金融开放门户总体方案》，广西建设面向东盟的金融开放门户上升为国家战略。2019 年 2 月，光大银行南宁分行积极响应，协同光大环保（中国）有限公司到广西玉林开展联合营销，与玉林市政府及相关企业洽谈生活垃圾焚烧发电等项目。

在光大银行南宁分行的积极引荐下，光大环保能源（广西）控股有限公司通过收购方式成功取得了玉林市生活垃圾焚烧发电项目，玉林生活垃圾焚烧发电厂现已实现并网发电，由光大环保能源（玉林）有限公司（原“玉林川能华西环保发电有限公司”）负责相关运营管理。

该公司的经营范围包括：利用焚烧生活垃圾产生的热能发电；废物（垃圾焚烧产生）利用；城市废弃物项目的运营、管理；环保技术的研究、开发、应用等。本次股权转让有利于光大环保能源（玉林）有限公司提升公司综合竞争实力，同时，股权转让获得的资金将用于补充公司流动资金，有利于改善公司现金流状况。

光大环保能源（广西）控股有限公司作为在香港注册的公司，有向境内的光大环保能源（玉林）有限公司汇入跨境资本金的需求。中国跨境结算大多以美元作为结算货币，汇率波动的风险也主要由境内企业承担。近年来，中国采取了一系列措施，加大金融市场对外开放的力度，人民币计价的资产被更多境外投资者选择，有力地促进了跨境人民币业务的发展。在多变的国际形势下，引入跨境人民币资本金成为企业节省汇兑成本、减少汇率风险、便利财务核算的最佳选择。

（二）主要做法

1. 集团协同，联动营销，共同推进收购进展

光大银行南宁分行积极加强境内外联动，协同光大环保（中国）有限公司开展联合营销，全力推动玉林市生活垃圾焚烧发电项目的收购进程。双方领导参观了垃圾无害化处理工厂，与工厂董事长进行了深入交流，达成初步合作意向后，双方又共同拜访了玉林市政府及相关单位的负责人，就收购事项进行全面沟通。在这一过程中，光大银行南宁分行积极协助光大环保（中国）有限公司开展该收购项目的尽职调查，共同推进普通垃圾焚烧、医疗垃圾焚烧、污泥处理、水污染治理等多个领域的全方位合作，助力光大品牌在广西各地发扬光大。

2. 了解企业需求，做好前期准备工作

在了解到企业有引入跨境资本金的需求后，光大银行南宁分行积极协调行内外关系，热情周到做好客户服务工作，加强和企业间的前期沟通，收集企业基础材料和财务信息，深入了解企业的具体情况，为企业

答疑解惑；及时了解企业的资金动态和业务需求，密切关注光大环保能源（广西）控股有限公司、光大环保能源（玉林）有限公司的外商投资资本金增资业务进展；加强与国家外汇管理局及中国人民银行的沟通，并得到监管部门的支持配合，及时办妥了该笔业务的准备工作。

3. 引入人民币资本金，规范使用流程

在“展业三原则”的前提下，明确企业的具体业务需求后，光大银行南宁分行根据《国家外汇管理局关于进一步简化和改进直接投资外汇管理政策的通知》，查询外汇账户管理信息系统，确定光大环保能源（玉林）有限公司已在国家外汇管理局系统中进行基本信息登记，并审核了业务登记凭证等资料，又通过资本项目信息系统根据业务登记凭证查询控制信息表，核实了光大环保能源（玉林）有限公司尚可流入金额后，为其开立了资本金账户，首笔增资资金从香港汇入光大环保能源（玉林）有限公司在光大银行南宁分行开立的人民币资本金专户，使玉林市生活垃圾焚烧发电项目的增资资本金业务成功落地，实现了光大银行南宁分行首笔跨境人民币资本金业务。

4. 开展资本金支付便利化业务

2019 年 10 月 25 日，《国家外汇管理局关于进一步促进跨境贸易投资便利化的通知》（汇发〔2019〕28 号）出台，2020 年 4 月 10 日，《国家外汇管理局关于优化外汇管理 支持涉外业务发展的通知》（汇发〔2020〕8 号）发布实施，进一步推动资本项目收入支付便利化改革。企业办理资本项目外汇收入境内支付业务的流程和时间将大大缩短，可凭支付命令函在银行完成支付手续，无须事前逐笔提交真实性证明材料，进一步满足了企业资本金快捷支付的需要。光大银行南宁分行第一时间将最新政策传导给光大环保能源（玉林）有限公司，在审慎展业原则指导下，认定其满足资本项目收入支付便利化的条件，凭企业提交的“资本项目外汇收入支付便利化业务支付命令函”为其办理资本金支付便利化业务，为企业提供便利。

（三）取得成效

1. 实现资本项下人民币流入

该笔业务为光大银行南宁分行落地的首笔跨境人民币资本金业务，实现了资本项下人民币的流入，扩大了人民币的结算领域以及人民币双向流动的渠道。2020 年光大银行南宁分行跨境人民币结算量 2.71 亿元，完成中国人民银行任务的 108%，该笔业务的成功落地是超额完成跨境人民币任务的重要抓手。截至 2021 年 3 月 16 日，光大环保能源（玉林）有限公司在光大银行南宁分行已流入资本金 15 笔合计人民币 11706.39 万元，后续尚可流入金额为人民币 2967.76 万元，将带来稳定的核心存款和跨境人民币交易量，并在当地树立光大银行良好的企业形象。

2. 优化业务办理流程，节省企业成本

跨境人民币资本金的流入，不仅方便快捷，提高了跨境结算效率，也为客户节省了汇兑成本，减少了汇率风险。截至 2021 年 4 月 23 日，光大环保能源（玉林）有限公司共办理资本金支付便利化业务 99 笔，金额合计人民币 3268.36 万元。企业开展资本项目收入支付便利化业务，不仅简化了企业的支付流程，也减少了企业的时间成本，减轻了企业的负担，同时也优化了银行端的业务办理流程，大大节省了银行的业务办理时间，从而更好地为客户提供优质的服务。

3. 促进企业快速发展，助力广西环保事业

光大环保能源（玉林）有限公司是垃圾焚烧发电行业的领军企业。跨境人民币资本金的流入以及后续资本项目收入支付便利化的开展，更好地促进了环保企业的发展，为广西环境治理和生态建设等做出了积极贡献。同时，光大银行南宁分行也以高效、专业的服务赢得了客户认同，为后续公私联动、全面开展各类业务打下了坚实基础。

二　创新点

（一）采用跨境人民币结算，规避汇率风险

跨境人民币结算在防范化解汇率风险、人民币沉淀、管理风险头寸方面具有重要作用。企业通过以往以美元结算的经历，深刻体会到汇率波动对企业财务成本控制的不利影响。选择人民币作为跨境结算货币不仅为企业节省了汇兑成本，减少了汇率风险，也降低了企业的结算成本，便利了企业的财务核算与资金管理，获得了企业的好评。

除此之外，本笔跨境人民币资本金通过 CIPS（人民币跨境支付系统）汇入，该系统的特点是整合了现有人民币跨境支付结算渠道，减少了中间流程，大大提升了跨境结算效率和交易安全性，让人民币在全球的使用更加方便快捷。清算便捷的 CIPS 和光大银行高效的本外币一体化金融服务相结合，使结算流程更加简便，降低了结算成本，大大缩短了企业资本金入账的时间，满足了企业资金快捷支付的需求。

（二）利用支付便利化政策，提高服务效率

《国家外汇管理局关于优化外汇管理　支持涉外业务发展的通知》发布后，光大银行南宁分行及时组织员工学习，并与国家外汇管理局保持密切沟通，确保掌握最新政策动态，同时向企业宣导该政策红利。光大银行南宁分行办理资本项目收入支付便利化业务时首先核查企业是否具备资格，具备资格的企业严格按照实施细则办理业务。在传统办理流程中，企业办理资本项目收入支付时，需要逐笔提交合同、发票等真实性证明材料，并同时提供前一笔支付的证明材料供银行核实真实性与合规性。开展资本项目收入支付便利化业务后，企业无须事前逐笔提交真

实性证明材料，银行也无须事前逐笔审核，大大简化了支付流程，提高了支付效率，方便了企业，获得了企业的好评。

（三）深化跨境金融合作，实现资本项下人民币流入

光大银行南宁分行积极参与广西面向东盟的人民币跨境使用金融创新试点，为广西实体经济发展提供综合化金融服务。作为光大集团驻桂企业牵头人，光大银行南宁分行加强境内外联动，积极引荐光大集团旗下其他子企业落户广西，同时还大力协助光大环保参与广西玉林环保静脉产业园区建设，该园区包括生活垃圾焚烧发电厂、工业垃圾焚烧发电厂等十余个项目。该笔业务为光大银行南宁分行落地的首笔跨境人民币资本金业务，扩大了人民币的结算领域，给予市场主体在进行跨境交易时多元化、灵活化的选择，让人民币成为更多投资商选择的货币，吸引更多“一带一路”沿线国家或地区政府、民间资本来境内投资。

三　应用价值

（一）有利于降低企业结算成本，助力企业发展

当前，美元在国际货币体系中的地位并没有发生实质变化，全球贸易以美元计价、结算的习惯短期内仍难以改变。但在普遍预测人民币升值的大环境下，通过跨境人民币避险变得更加重要。将跨境人民币作为结算币种，最直接的好处就是能规避汇率风险，同时也节省了汇兑成本，便利了企业的财务核算，降低了企业的结算成本。

垃圾处理已经成为中国可持续发展战略的重要议题，中国高度重视生态文明建设，大力推动绿色发展。为环保企业降低成本，大力推进环保产业发展，是一项重要的民生事业，应当鼓励更多企业参与进来，共同为环保事业做出贡献。

（二）有利于优化支付流程，减少企业时间成本

资本项目收入支付便利化优化了企业的支付流程，减少了企业的时间成本，一方面切实提高了企业资本金使用便利化的程度，另一方面有效贯彻了中央“稳外资”的精神，满足了市场主体与日俱增的政策诉求，进一步改善了营商环境。资本项目收入支付便利化是趋势所在，是接轨国际、逐步放开资本项目的需要。今后，光大银行南宁分行将进一步抓住政策变化机遇，在业务合规、风险可控的前提下，推动资本项目收入支付便利化业务，积极拓展与企业的合作，充分释放政策红利，切实提高外汇服务实体经济的能力。

（三）有利于推进人民币国际化进程，促进国内国际双循环

随着中国金融体系的逐步开放和“一带一路”倡议的深入人心，人民币国际化迎来了发展新机遇。随着外部经济环境不确定性的增加，市场主体对于跨境人民币的使用诉求更加迫切。引入跨境人民币资本金，不仅扩大了人民币结算领域，也推动着人民币国际化步伐的提速。

人民币的国际化很大程度上能够帮助企业提升其资金在全球范围内的有效调拨，优化其全球资金管理，有利于实体经济在双循环格局下更好地发展和应对波动。人民币除了“走出去”还要“引进来”，跨境人民币资本金的引入，能进一步促进境内与境外的互联互通，扩大人民币双向流动的渠道，实现跨境资本流动的双向平衡，进一步提升人民币在国际金融市场上的地位。跨境人民币的流入及便利化使用，对构建以国内大循环为主体、国内国际双循环相互促进的新发展格局具有重大的战略意义和现实意义。

本文主创团队：中国光大银行股份有限公司南宁分行

执笔人：庞海萍、廖静雯

创新监测系统助力营销风控融合

基于建设面向东盟的金融开放门户的时代背景，兴业银行股份有限公司南宁分行（以下简称“兴业银行南宁分行”）以配套建设新型金融风险防控机制为契机，创新研发交易结算监测互通系统，运用科技手段充分挖掘企业结算数据特征应用于小微客户的精准营销和高效风控。该系统不仅帮助兴业银行南宁分行成功落地小微供应链及线上融资业务近1亿元，新拓展小微客户超过50户，更在信贷资金流向排查、风险预警体系建设、小微客户价值评估等方面体现出重要应用价值。在保障风险可控前提下，助力兴业银行南宁分行实现小微金融服务深度和广度的全面提升。

一 案例简介

（一）背景情况

习近平总书记指出，构建新发展格局最本质的特征是实现高水平的自立自强，要加强创新链和产业链的深度对接，将科技创新转化为现实的生产力。自中央确立了广西建设面向东盟的金融开放门户战略决策以来，兴业银行南宁分行紧密围绕《广西壮族自治区建设面向东盟的金融开放门户总体方案》、《广西建设面向东盟的金融开放门户五年实施规划》和《广西建设面向东盟的金融开放门户三年行动计划》工作部署，围绕服务实体经济、防控金融风险、深化金融改革三项核心任务，助力广西构建面向东盟的经济金融合作大通道、完善跨境金融合作交流机制和金融风险防控机制。

2020年是广西建设面向东盟的金融开放门户全面推进的关键时期，自治区政府提出包括完善金融风险防控机制等9项重点工作，要求加快建立广西金融监管协调机制，加强金融部门与公安、海关等部门在反洗钱、支付结算等方面的数据交换和案件协查合作，完善跨境资金异常流动的监测预警指标，严厉打击地下钱庄、非法外汇交易平台等违法犯罪活动。强化金融风险专项检查，严厉打击虚假、欺骗性交易和非法套利等资金“脱实向虚”行为，提高金融发展和风险防控软实力，全面提升金融服务实体经济的效率和水平。兴业银行南宁分行以“重点工作”为索引，坚持为金融改革探索路子、为经济建设多做贡献，以配套建设金融风险防控机制为契机，不断探索科技手段在提升风险识别能力、风险监测效率方面的赋能作用。

随着中国持续深化经济体制改革，小微企业得到了长足的发展，日益成为国民经济的生力军，对GDP、税收等都产生了巨大影响，同时提供了大量就业岗位。习近平总书记多次就解决小微企业融资难、融资贵问题作出重要指示。中国银保监会在积极推动金融供给侧结构性改革的过程中，也将解决好对小微企业的信贷支持作为其重要工作，要求金融机构优化融资结构，进一步为小微企业提供更高质量、更有效率的服务。

兴业银行南宁分行认为，作为关系国家经济安全的重要主体，金融机构要坚决贯彻落实党中央的决策部署，在监管规制下实现安全性、流动性、盈利性的有机平衡，加强内部管理的精准化能力，提升客户经营的精准化水平，其核心是要对信用风险看得准、管得住，坚守合规底线，提供有针对性的综合金融服务方案。其中，客户的结算信息是银行在大数据变革时期的珍贵“数据资源”，而早期人工对客户账户结算信息进行逐户分析的方式，难以及时在大量存续的信用业务中实现动态风险预警信息的跟踪，无法解决在流水中精准探查信用业务关键性风险隐患的问题，也不利于深度挖掘商机更好地提供金融服务，亟待更完善的流水运算分析机制。

（二）主要做法

2020 年初，在深入研究兴业银行总行系统架构、吸收区外其他分行管理经验的基础上，兴业银行南宁分行启动了交易结算监测互通系统的专项研发工作，分阶段稳步推进系统建设。

在研发人员组织方面，兴业银行南宁分行在行领导的统一部署下，由风险管理部牵头，信息科技部抽调业务骨干组成了交易结算监测互通系统开发专题工作小组，人员构成兼顾风控和系统建设方面的专业性。

在技术联动方面，该工作小组得到了兴业银行总行科技部门的倾囊相助，获得了说明文件编撰、系统代码设置、应用场景调整等方面的宝贵经验，极大加快了研发工作进程。

在数据安全保障方面，该工作小组在充分验证安全保障方案和措施有效性的基础上，为交易结算监测互通系统与兴业银行在公信贷业务管理系统、商业票据管理系统、会计核心系统间的信息交互建立了数据接口，搭建了系统数据库并建立数据备份机制，完成了相应的运行环境调试。

在系统模型设计方面，该工作小组成员充分发挥各自在风险特征研判、运算逻辑优化和系统模块设计方面的专长优势，借助历年来兴业银行南宁分行在风险案件处置过程中积累的经验，尤其是融资客户在风险暴露前呈现的结算往来特征，经过多轮实例测试，不断验证模型运算逻辑的有效性。

在多个职能部门的协同配合下，兴业银行南宁分行于 2020 年 9 月 10 日实现交易结算监测互通系统交付。借助系统创新预设的自动监测及预警算法，完成了贷款/贴现资金监测、汇票保证金监测、付息资金监测、结算分析、上下游潜在客户挖掘、往来账户透视监测等六大功能模块的上线运行。

（三）取得成效

兴业银行南宁分行交易结算监测互通系统上线以来，将以往耗时耗力的人工分析变为系统智能核查和自动预警，全面服务于风险防控、业务拓展和合作模式优化。工作成效主要体现在以下四个方面。

1. 助推小微业务创新

兴业银行南宁分行的小微业务创新紧密围绕“看得准，放得出，管得住，收得回”原则持续稳健推进。随着金融服务深化，大型企业上下游供应链上的小微企业已成为商业银行信贷业务拓展的重要目标客群，各类供应链融资模式层出不穷。但受限于传统的数据分析手段，营销人员难以从数十万笔账户流水中筛选出与大型企业发生高频次往来的上下游小微企业。借助于交易结算监测互通系统的结算分析模块，兴业银行南宁分行客户营销部门构建了大型企业上下游结算分析视图，全面了解小微客群分布状况，进而指导经营机构启动供应链融资客群营销活动，创建了更为精准的展业模式和风控手段。截至2021年2月末，兴业银行南宁分行借助上下游结算分析视图已成功完成超过11组小微企业供应链客群拓展，信贷业务落地超过3000万元。同时，交易结算监测互通系统有效满足了兴业银行南宁分行创新型产品的风控需求，系统对贷款资金流向的密集监控和智能预警，使兴业银行南宁分行的风控人员能够动态调整“银税互动”线上贷款等小微创新型融资产品的授信指引和风控策略，保障业务风险处于可控水平。截至2021年2月末，兴业银行南宁分行新增小微线上融资客户超过50户，新增线上贷款投放超过6000万元，均未出现风险。系统为兴业银行南宁分行下沉业务重点，拓宽小微企业融资服务覆盖面提供强大助力。

2. 提升风险排查质效

兴业银行南宁分行将信贷资金流向排查作为贷后风险防控的重要聚

焦点。2020 年 9 月监管部门下达的贷款“三查”重点领域检查任务，检查范围涵盖 2019 年 10 月至 2020 年 8 月发放的所有表内贷款。若按照过去依赖单户流水导出并人工识别的传统检查方式，通常需要花费超过一个星期的时间，难以满足检查的时效要求。兴业银行南宁分行风控部门适时借助交易结算监测互通系统开展贷款资金用途追踪检查。仅三个工作日即完成近 1000 笔贷款业务的用途核查，时效提升超过 50%。对于发现的未按审批条件用款或存在资金回流的借款企业，得以及时精准提示预警并开展贷后检查和落实整改，有效提升检查质量和效率。在 2020 年 10 月启动的票据贴现业务专项检查中，兴业银行南宁分行强化 BA + SA（业务分析 + 系统分析）联合作业，对交易结算监测互通系统贷款/贴现资金监测模块的运算逻辑提前调整优化。除原有的“贴现资金回流”“贴现资金转存保证金”等预警规则外，在系统模块中又添加“贴现资金流向股市、房地产、私募股权投资”等非合规用途的预警规则，有效提升了批量筛查工作的推进效率。在三个工作日内，完成了对 2020 年内办理的超过 1200 笔票据贴现业务的核查，加强了对违规行为的警戒威慑。

3. 丰富预警监测体系

兴业银行南宁分行风控部门借助交易结算监测互通系统贷款/贴现资金监测模块，补足了传统贷后风险监测在技术手段运用方面的短板，丰富了立体化的风险预警指标监测体系。对于系统预警提示存在风险隐患的客户，兴业银行南宁分行按照风险特征将其分类列入贷后观察名单，强化名单内客户贷后走访，增加风险监测频度，并视具体状况制定风险防控处置预案，进一步提升了风险预警监测工作的敏感性和精准度。兴业银行南宁分行借助系统往来账户透视监测模块汇总透视多个行内信贷客户与同一行外客户的交易往来情况，对出现的较短时期内的大额或高频次交易往来企业发出预警提示，通知反洗钱部门同步介入检查，有效拓宽了反洗钱可疑交易信息的来源渠道。

4. 夯实考核评价基础

借助交易结算监测互通系统，通过对小微企业结算往来和资金沉淀数据的透视分析，兴业银行南宁分行生成并导出小微企业的“客户合作计分简报”，为建立一套以小微企业客户为中心的多维度价值评价体系提供了有益的数据支撑。截至 2021 年 2 月末，兴业银行南宁分行借助系统已完成辖区内超过 800 家小微企业的银企合作价值重估，并将评估结果广泛应用于贷款优惠定价、业务规模分配、授信审批及贷后检查等信贷业务全流程管理，促成了小微企业客户精准营销与风险防控的有机结合。

二　创新点

（一）风控经验高效凝练

兴业银行南宁分行交易结算监测互通系统将多年经营管理积累的信贷客户交易结算甄别经验转化为系统预设的自动批量监测特征及预警算法，减少了信贷业务经办人员日常工作中烦琐的操作性事务。

（二）功能模块不断迭代

兴业银行南宁分行根据监管部门、总行对特定类型业务、特殊企业客群的检查及监测要求，不断验证、升级，持续迭代系统功能模块，形成了基于客户的多维度完整风险监测链条，有效提升了经营管理的精准度。

（三）完善的信息安全保障机制

兴业银行南宁分行交易结算监测互通系统在对数据安全保障措施进行充分验证的基础上，仅对使用者推送预警结果，并进行加密处理、禁止数据传输，不开放运算流程和底层数据源，充分契合了金融消费者信息安全“零容忍”的监管态势，相比传统的人工核查更有利于客户信息的保密。

（四）业务营销与风险防控相融合

兴业银行南宁分行交易结算监测互通系统通过算法批量总结大型企业的上下游对手交易结算状况，自动生成客户营销目录并定期更新，方便信贷业务经办人员全面了解上下游客户结构，有针对性开展客群营销，为下沉客户中心，拓展核心企业上下游小微客群的供应链业务提供强大助力。

（五）数据影响力不断外延

兴业银行南宁分行交易结算监测互通系统通过对小微企业结算往来和资金沉淀数据的透视分析，帮助小微业务管理部门构建具有银企合作黏性的多维度客观评价体系，服务于信贷业务全流程管理，促成小微企业客户精准营销与风险防控的有机结合。

三　应用价值

在广西加快推进建设面向东盟的金融开放门户的时代背景下，交易结算监测互通系统在持续迭代完善下已逐渐成熟，对于商业银行提升对实体经济领域尤其是小微企业业务的风险防控效能，更有效地开展金融服务，具有重要的推广价值和实践意义。

（一）人机协作解放生产力

交易结算监测互通系统改变了以往依赖手工单户流水查询的传统检查方式，通过系统批量检查加上人工判别的方式，将各类业务检查的平均耗时减少50%。若系统在金融机构中广泛应用，可以大幅度降低问题遗漏或误判的出现概率，有效提升银行人员的工作效能，解放潜在生产力。

（二）迭代升级优化运算规则

在当前强监管、严要求、重处罚的大背景下，监管部门的检查日益精细化、规范化是商业银行普遍面临的难题。若系统在金融机构中广泛应用，预留的算法模块可根据监管部门的最新风险提示升级运算规则，使系统的批量筛查结果契合监管工作要求，确保检查到位，降低监管工作压力。

（三）特征研判完善监测体系

若系统在金融机构中广泛应用，其不断积累的风险监测结果可运用于对信贷客户风险特征的研判分析，为信贷业务管理人员完善风险监测体系，加强贷后检查，调整差异化信贷风险管控措施提供有力的数据支撑。

（四）高效助力小微业务营销拓展

若系统在金融机构中广泛应用，通过系统算法批量透视大中型企业的上下游对手交易结算状况，自动生成客户营销目录并定期更新，帮助信贷业务经办人员更全面、清晰地了解客户上下游交易结构，对借助供应链融资模式拓展上下游小微企业客群大有裨益。

（五）信息互补提升洗钱风险防控

实施风险为本的反洗钱监管，建立健全反洗钱协调防控机制一直是商业银行反洗钱工作的重点；加强金融与公安、海关等部门反洗钱、支付结算的数据交换和案件协查合作也是广西建设面向东盟的金融开放门户的基础工作要求。若系统在金融机构中广泛应用，商业银行反洗钱部门可快速介入同步调查，对资金往来合理性开展多方验证，高效做好洗钱风险防控。

（六）根植需求灵活拓展应用范围

业务需求是系统研发的出发点。若系统在金融机构中广泛应用，从下阶段发展导向上看，系统的高度交互性能够根据金融机构在风险防控和业务发展方面的多方位需求拓展应用范围，从信用风险、合规风险、操作风险等典型案例中萃取经验转换为系统算法，使风险防控的经验或教训在不断升级完善中得到升华。

本文主创团队：兴业银行股份有限公司南宁分行
执笔人：谢昱、秦琳凤

首次为广西人量身定制重疾险产品

国富人寿保险股份有限公司（以下简称“国富人寿”）是广西首家寿险法人机构，拥有广西唯一的寿险精算师队伍。根据广西地区的实际情况、开发贴合当地市场需求的创新型保险产品，是国富人寿落实建设面向东盟的金融开放门户政策、建设广西保险创新综合示范区的重要举措。“八桂无忧”是国富人寿专为广西人量身定制的重大疾病保险产品系列。通过对广西市场的深入调研和对先进风险管理技术手段的引进，该系列产品在疾病选择、责任范围、保障方式、风险控制、健康管理等方面实现了多项创新，对加快区域保险业创新发展具有较高的借鉴价值。

一　案例简介

国富人寿对广西地区及临近东盟区域的人身保险相关情况有较为深入的研究，包括人口结构、收入水平、疾病谱及其演化、生活习惯、健康养老产业政策、医疗卫生环境以及保险市场发展情况等。经过充分的调研论证，2018 年底，公司为广西人民量身定制开发了第一代“八桂无忧重大疾病保险”产品，2019 年 9 月又推出了保障功能更加强大的第二代“八桂无忧重大疾病保险 B 款”产品。该系列产品丰富和完善了广西地区的重疾险产品供给，在上市后获得了较高的市场关注度，被《中国保险报》评选为“2018 年度健康保险产品”，被第二届中国健康保险与健康产业发展论坛评选为“2019 十佳商业健康保险推荐产品”（见图 1、图 2）。

在“八桂无忧”重大疾病保险产品的开发过程中，国富人寿的主要做法及成效如下。

图 1　“八桂无忧”获评“2018 年度健康保险产品”

图 2　“八桂无忧”获评“2019 十佳商业健康保险推荐产品”

（一）借用全球优质再保险资源

借助再保险公司在疾病数据研究、保险产品设计和发生率精算测算等方面的优势，与中国人寿再保险、慕尼黑再保险、太平再保险等国内外知名再保险公司携手合作。在产品开发前期对广西地区的疾病谱和疾病发生率、疾病严重程度分级、保险金给付设计，以及产品精算定价模型搭建等进行深入研究，为“八桂无忧”重大疾病保险产品的推出提供了基础数据、精算经验及再保险业务等方面的重要支持。

（二）利用行业先进的大数据技术

与行业领先的商涌科技公司开展合作，利用大数据和风险控制模型算法实现对客户风险水平的精准评估，为合适的目标客户提供高保额、更便捷的保险服务体验。

采用商涌科技公司的大数据风控技术后，“八桂无忧”重大疾病保险产品可免体检购买的保险金额较同类产品有大幅提升，比如，主要客户年龄段18周岁至40周岁的免体检可投保最高保险金额由50万元提高至85万元，提升了70%。同时，该系列产品的理赔时效更短，平均仅为1.45天，有效提升了客户的保险消费体验。

（三）融合健康保险和健康管理服务理念

与健康服务产业的先进主体进行合作，积极将全国的优质健康服务资源引入广西，融入“八桂无忧”重大疾病保险产品中，为客户提供电话医生、自助挂号、就医绿通、健康体检、健康资讯等体系化的健康管理服务。参与“八桂无忧”重大疾病保险项目的健康管理服务公司，有微医、小乐健康等健康咨询服务机构，还有来孚健康、迈德瑞及华大基因等健康体检疾病筛查机构。将健康管理服务理念融入健康保险的风险管理，既提升了公司对客户的服务能力，也通过对客户的健康教育和疾病早期干预等进一步降低了保险风险。

二　创新点

通过在全球范围内整合优质的再保险、大数据风控以及各类健康管理服务资源，“八桂无忧”重大疾病保险产品主要在病种选择、病种分级、赔付次数和健康管理服务等精算定价技术以及产品整体设计等方面进行了创新和尝试，概述为如下四项。

（一）根据地区疾病谱结构设计保障病种

根据广西地区及临近东盟区域疾病谱结构设计保障病种，精准定位保障需求。对广西地区的疾病谱及疾病发生率经验数据进行收集和研究时，发现疾病发生率经验数据较少，获取难度大。经过多轮沟通，最终获得了中国人寿再保险、慕尼黑再保险、太平再保险等再保险合作方的数据支持和经验分享。

调研结果显示，广西在健康风险方面具有鲜明的地域特征，比如，疾病谱与全国相比存在较大差异，除了肝癌、肺癌等全国高发的疾病外，鼻咽癌、手足口病以及狂犬病在广西及临近东盟区域也有较高的发生率。

为了将这些地区高发疾病纳入产品保障范围，“八桂无忧”的开发人员对这些疾病的发生率进行了统计建模分析，最终挑选出广西地区及临近东盟区域发生频率最高的 11 种重大疾病，并对这 11 种重大疾病特别提高了保障额度，以此为广西人民群众重大疾病保险保障水平的提升提供助力。

（二）将中症疾病和轻症疾病纳入产品保障范围

根据疾病严重程度将疾病分为重大疾病、中症疾病和轻症疾病，并分别给予不同的保障额度，填补了广西市场无中症疾病保障的空白。

随着定期健康检查的普及、民众健康意识的提升以及医疗技术的进步，疾病的早期检出率越来越高，但按现有重大疾病的定义，重大疾病在病程进展的早期甚至中期是无法获得赔付和保险保障的。为了进一步提升疾病保险的保障效果，“八桂无忧”的开发人员与再保险合作方对各疾病病种按照严重程度进行了分级，把疾病分为重大疾病、中症疾病和轻症疾病，将中症疾病和轻症疾病也纳入保险产品保障范围，并根据实际可能的医疗费用水平分别给予不同的保障额度，科学设置保额比例，将保障落到实处。

（三）对重大疾病进行分组多次赔付

以市场需求为导向，创新产品设计，对重大疾病进行分组，对组间疾病提供多次赔付，解决客户患病后无法再享有保险保障的难题。

随着医疗技术飞速发展，重大疾病的愈后生存期有较大提升，同时由于纳入保障范围的病种数量大大增加（从早期的 25 种到目前主流的 100 多种），消费者对多次重大疾病，尤其是患病后可以继续享有保险保障的需求日益强烈。按保险行业现有的承保规则，客户第一次患病后，再次成功投保的可能性很低，面临保费增加或者直接拒保的情况，如何满足此类需求、拓展产品的保障深度成为一个亟待解决的问题。

为此，“八桂无忧”的开发人员与再保险合作方对不同人群不同病种发生第二次、第三次乃至多次重大疾病的数据进行了分析，通过改进精算模型对相应的发生概率进行估计。经过多次反复测算，最终将重大疾病分为 5 组，每组提供 1 次赔付保障，累计可以赔付 5 次；对中症疾病不进行分组，每种中症疾病提供 1 次赔付保障，累计可以赔付 2 次；对轻症疾病不进行分组，每种轻症疾病提供 1 次赔付保障，累计可以赔付 5 次。

重大疾病赔付次数的增加得益于精算技术上的突破，它有效延长了保障期限，提高了累计保险额度，使客户得到更切实的保障。

（四）实现健康保险和健康管理的有机结合

与国内多家知名健康管理服务商合作，为客户提供优质的健康管理服务，助力健康广西行动。

“八桂无忧”重大疾病保险产品在研发之初，就设计了与产品配套的较为全面的健康管理服务，包括就医挂号、专家门诊预约、名医手术协调等就诊服务，以及健康测评、癌症筛查、海外体检和健康档案管理等多种健康风险评估服务。这些健康管理服务项目基本满足了人们对日常健康风险管理的需求，同时公司在官网及公众号等各宣传渠道积极向客户介绍其所享有的服务权益，并且及时追踪客户对服务体验的满意度。通过努力提高服务项目的使用率和满意度，真正实现健康保险和健康管理的有机结合，有效提升客户的健康水平，积极践行健康广西行动。

三　应用价值

“八桂无忧”重大疾病保险产品开发案例所具有的应用价值如下。

（一）立足广西市场，将产品保障落到实处

与全国保险业的发展相比，广西保险业的发展是相对落后的，人均保费、人均保单数以及人均风险保额均低于全国平均水平，存在较大风险保障缺口。“八桂无忧”重大疾病保险产品从广西市场的实际情况出发，为广西地区高发的11种重大疾病提供基本保险金额之外的特别保障，对提升广西人均风险保障水平、填补一部分风险保障缺口具有比较显著的作用。截至2021年2月，“八桂无忧”重大疾病保险产品已为广西人民群众累计提供风险保障额度24.58亿元，投保客户人均保险保障额度超过17万元，高于全国平均保险保额水平。

（二）服务广西人民，引领产品和服务创新

相对于广西人民群众日益增长的风险保障需求，风险保障型产品的供给是不足的。“八桂无忧”重大疾病保险产品通过创新的产品形态设计和科学的精算定价技术，既丰富了保险保障内容，也确保了产品价格的公平合理，并且将健康管理理念深入融合到健康保险之中，是一款既

能较好满足市场需求，又能促进保险业务稳健发展的创新型产品，对广西保险产品和服务创新、保险业产品供给侧改革和建设保险创新综合示范区具有一定的示范效应。

（三）面向东盟地区，以中国领先的健康保险形态促进合作

“八桂无忧”重大疾病保险产品在精算定价、疾病病种选择、疾病分组方法以及赔付次数设计等方面都引入了国内先进的保险设计理念和精算技术，产品保障形态设计处于国内领先水平。东盟国家保险业正处在快速发展中，无论是保险产品供给还是精算技术，其发展水平都亟待提高。国内领先的创新型“八桂无忧”重大疾病保险产品的推出，对于东盟国家保险业产品供给和精算技术改革发展有较强的可借鉴性，对于广西与东盟金融保险方面的合作也有较好的促进作用。

（四）助力广西发展，引入全球先进的保险业要素资源

“八桂无忧”重大疾病保险产品的研发上市，借助了多家全球知名再保险公司的力量进行产品研究和精算定价，引入了商涌科技公司的大数据风控技术进行核保及核赔风险管控，并且在全国范围内整合了各类优质的健康管理服务资源。这些全球领先的保险业要素资源的引进，使国富人寿在产品设计、风险管理及客户服务能力上有了大幅提升，也借此打开了这些产业链先进主体进入广西市场、引领广西金融及健康产业发展的窗口。“八桂无忧”重大疾病保险产品的案例经验，对于广西地区在人才队伍建设和保险要素聚集尚未形成优势的情况下加快区内保险业、金融业发展具有一定的借鉴意义。

本文主创团队：国富人寿保险股份有限公司
执笔人：马冬冬、吴晓玥

广西城商行首家金融市场业务独立持牌专营部门

桂林银行股份有限公司（以下简称“桂林银行”）获监管部门批复同意，在南宁市设立资金运营中心，是广西城商行首家金融市场业务独立持牌专营部门。中心设立后，在提升服务实体经济能力、满足客户多元需求等方面取得一定成效。中心展业期间在业务发展、风险管控、结构优化、资源整合等方面做了一些新探索。首先以服务实体经济为重心，调整优化业务模式，让业务顺应政策导向、贴近市场，助推地方经济发展。其次强化风险管控与合规经营理念，丰富管控抓手，创新管控模式。最后进行资源整合，更新部门组织架构，确保自身发展与宏观政策、监管环境相适应。专营部门的重点培育模式值得推广：一是政策研究与产品研发相结合；二是提供专业化的金融服务；三是实现承销和投资一体化；四是业务发展与风险管控同步提升。

一　案例简介

（一）背景情况

1. 响应监管号召

2018 年，银保监会下发相关文件，进一步规范银行业的发展，对银行业金融机构异地展业情况进行持牌管理。头部城商行中如江苏银行、宁波银行先后在上海成立资金运营中心。在监管新环境下，桂林银行积极响应监管政策号召，对于筹备资金运营中心开业所面临的选址取舍、组织架构调整、沟通机制完善、多层级监管汇报等问题，逐一分步解决，确保金融市场业务展业机构平稳过渡，并稳步提升市场竞争力。

2. 顺应发展需要

资金运营中心为何选址南宁？问题的根本就是顺应发展的需要，顺应城市的发展，顺应业务的发展，顺应人才的发展。南宁市作为广西省会城市，区位优势明显，“强首府”战略政策的实施，更突出其战略地位。定址南宁十分契合中心的规划发展目标，南宁良好的经济发展环境也为资金运营中心的发展壮大提供了肥沃的土壤。

一是经济发展稳中向好，工业转型升级加快。南宁高新区成为千亿元产值开发区，南宁—中关村创新示范基地揭牌运营，一批世界500强和行业龙头领军企业签约入驻，招大引强成效明显。园区、企业都有可能成为中心未来的客户群，有希望拓展新的业务合作。

二是城市影响力不断提升，人才聚集效应凸显。中国—东盟博览会和中国—东盟商务与投资峰会已在南宁成功举办数届，南宁积极参与共建“一带一路”，“南宁渠道”辐射力不断加大。大部分全国性股份行已入驻南宁，非银机构逐年增多，同业金融机构相对集中，不仅能节约沟通成本，还能提高沟通效率；城市知名度和城市优惠政策既能招商，也能引才，加大了中心招揽到目标人才的可能性。

（二）主要做法

根据监管机构的准入要求，桂林银行经监管部门批复筹建资金运营中心后，经过7个多月的努力，在各项筹建工作全面完成且达到开业条件的情况下，进行了开业申报，并经严格审核流程，最终获得监管的开业批复。

1. 加强组织领导，确保筹建工作有序开展

桂林银行高度重视资金运营中心筹建工作，积极召开相关工作会议进行研究部署，并紧紧围绕选址装修、管理架构搭建和人员招聘、制度

和业务流程制订、业务准备以及内外部环境营造等方面开展工作。筹建期间，多次以专题会议形式，研究、协调中心筹建过程中出现的各种问题，确保筹建工作有序开展。

2. 加强汇报沟通，争取相关部门支持

一方面，积极向监管部门进行汇报，得到了监管部门的认可与支持。另一方面，加强与相关部门的沟通，为行政许可、业务开展等方面工作争取到有力的支持，保证筹建工作顺利推进。

3. 周密组织，健全管理架构和人员配备

根据桂林银行对专营机构设置和内控管理制度要求，资金运营中心不断健全内部管理架构，并根据中心职责，实行权责划分。同时，通过总行委派和内外部招聘，将中心领导班子及各业务条线人员配备到位，并将中心职责分解到了相关岗位。

4. 落实制度，完善内部风险控制机制

资金运营中心严格按照金融法律法规和桂林银行规章制度，贯彻稳健经营和合规经营的理念，制定并完善各项工作制度，内容涵盖了事前、事中、事后各流程和各业务环节。根据总行下达的业务授权书，明确业务经营范围与职责。严谨、规范、完善的业务制度和操作流程，为资金运营中心依法、合规、安全开展经营活动奠定了坚实基础。

（三）取得成效

1. 明确业务重心，提升服务实体经济能力

中心成立以来，以总分联动为抓手，充分利用中心优势，支持地方实体经济。全年新增资产除流动性补充外，全部投向实体经济，实现投放实体经济业务增速及占比同比双升。截至 2020 年 12 月末，中心管理资产规模 1353. 60 亿元，其中投向实体经济资产余额 680. 31 亿元，较年初增幅 18. 07%，占中心管理资产规模的 50. 26%。

2. 推广多元化金融产品，满足客户多元需求

2020年桂林银行获得债权融资计划主承销商资质，业务团队加大与分行联动，重点帮助县域企业进行资产整合，辅导评级工作，降低了企业的融资成本，提高了企业的市场影响力（见图1）。通过承销和投资带动负债业务，为企业提供综合金融服务，增加桂林银行与企业合作黏性，同时利用同业资源优势，引导广州银行、河北银行等外省金融机构走进广西。

图1　中心业务团队与分行联动，走访梧州企业

3. 交割量再上新台阶，市场活跃度进一步提升

中心持续积累拓宽资金来源渠道，稳固负债基本盘，优化桂林银行整体营运成本，现已打通各类金融行业头部机构的资金业务合作，有效推升了资金、债券业务的交易量，跻身全国银行间“活跃交易商”机构。2020年全年，桂林银行债券总交割量在银行间市场法人机构排名中上升22位至68名，较2019年同期有较明显的提升，连续四年蝉联广西城商行第一。

4. 拓展同业交易对手，提高同业影响力

面对金融市场新形势，中心加大同业合作，聚焦头部机构，挖掘潜在同业客户，不断提高同业影响力，为业务条线扩宽交易对手范围，也为桂林银行后续同业存单、金融债、资本债的发行储备客户（见图2）。

图2　中心交易员向来访单位介绍线上交易系统

二　创新点

桂林银行资金运营中心是广西区内城商行首家金融市场业务独立持牌专营部门，定址南宁，让业务更贴近主流市场，并直接服务重点企业客户，中心展业期间在业务发展、风险管控、结构优化、资源整合等方面做了一些有益的新探索。

（一）以服务实体经济为重心，调整优化业务模式

资金运营中心以持牌为契机，从侧重利润的事业部制，转型为侧重服务的专营部门，全盘调整部门业务模式，将业务重心定位于服务区内

实体经济，主动加强与分支机构的联动，根据客户实际，制定服务方案，帮助企业解决融资难题。

1. 加强合作交流，不断更新业务理念

通过加强与非银金融机构的合作、交流，为今后引入区外资金支持广西地方经济，丰富桂林银行资金投资产品渠道，学习先进的交易经验、管理经验，确保业务理念紧跟市场，及时更新。

2. 找准业务切入点，为客户排忧解难

广西优质企业汇聚首府南宁，桂林银行专营部门设立后，进一步搭建投融资平台，以更为专业的操作服务于实体经济，为企、事业单位提供丰富的债券融资和咨询服务。密切关注企业投融资最新的痛点、难点问题，及时借鉴区外有益经验和措施，贴合当地实际，找准业务切入点，丰富企业融资渠道，尤其是涉及企业创新发展方面，顺应创新政策导向，加强对新能源、新科技、新产业的支持力度，在服务地方实体经济发展方面，办实事、办好事。

3. 落实银政合作，有利于双向促进

银政合作是经济发展的重要保障，尤其是在逆周期调节的时候，银政合作尤为重要。广西的地方政府债券由广西财政厅主导，桂林银行作为政府债承销团成员，承担着服务财政发债，承、分销政府债券的职责。专营部门设立后，一方面，促进了与广西财政厅的沟通交流，有利于发行工作的顺利开展；另一方面，密切了与财政厅等区直单位的联系，使其能及时了解自治区产业政策、经济方针、发展导向，确保业务发展方向正确，并及时贯彻落实。

4. 增强核心动力，打造专业人才队伍

人才是科技进步与经济发展的核心动力，尤其是金融专营部门对从业人员的专业性要求较高，在现有人才队伍相对稳定的基础上，适时引进区外金融专业人才，提升业务经营与风险管理水平，确保整支队伍在综合素质上匹配中心的职能和行内外的发展要求。凭借南宁引进外部专业人才产生的虹吸效应，提高外部招聘的成功率，确保部门正常的新陈代谢，进一步打造专业化人才队伍。

（二）强化风险管控与合规经营理念，创新管控模式

1. 拓展风险管理思路，强化合规经营理念

桂林银行作为广西区内重要商业银行，在首府设立资金运营中心后，一方面，有效加强与省一级监管部门的沟通交流，及时主动报告其专营业务的发展状况，利于监管部门有针对性地对其进行指导，强化其合规经营理念。另一方面，提高了桂林银行服务企业投行融资服务与风险管理效率，持续收集市场信息，不断拓展风险管理思路，为广西区内客户提供专业化、定制化的金融服务方案。另外，也加快了同业间授信落地、投后管理等跟踪管理，有利于防范金融同业风险。

2. 提升主动管理能力，强化业务监测

中心展业期间开展了包括存量业务持仓底层风险排查、债券风险排查以及业务落地后跟踪等主动监测，并对发现的问题及时进行内部整改；有效完善了投后管理的督办机制，提高了中心管理资产的风险预警和防控。

3. 丰富风险管控抓手，严格业务审查

针对重点、难点业务整理审核要点，统一审核规范。同时，主动跟踪基金公司目前管理团队、负面舆情等信息，建立台账，并实行动态管理；梳理证券公司业务背景，进行名单制管理。

（三）进行资源整合，更新部门组织架构

为适应宏观政策和监管环境的变化，持续提高展业效能，中心从组织架构着手，适时进行资源整合，在传统业务团队基础上，资金运营中心增设了同业管理部（二级部）、产品研发推广部（二级部）。

同业管理部归口管理桂林银行同业客户，化零为整，释放前台业务

压力，集中管控并充分盘活同业资源，持续归集梳理同业业务情况、授信情况，并及时向各个业务条线输送，提升业务部门同业业务的展业效率，为桂林银行落实全面发展战略提供助力。

产品研发推广部主要负责了解同业业务市场变化、产品创新动态，挖掘产品研发需求；引进、开发金融市场产品，满足桂林银行客户需求和业务发展需要；推动公私联动，协助分支机构的营销工作，在业务接洽、产品推广方面发挥促进作用。

同时，资金运营中心致力于打造功能强大的后台，增强统计和系统运维的职能，不仅负责提供清晰准确的分析数据，还通过业务系统的不断升级优化，实现业务高效的系统化管理与运行，节省人工成本，减少操作风险。

三　应用价值

资金运营中心借助首府南宁的金融聚集效应，统筹多方资源，通过差异化、特色化的产品，精准服务地方实体企业。专营部门的重点培育模式值得推广：在维持传统固定收益产品投资的基础上，推动宏观政策研究与投资一体化，实行产品研发与分支机构推介联动化的业务发展策略。

（一）政策研究与产品研发相结合

金融市场业务瞬息万变，准确把握国家经济金融政策和监管部门指导意见，推出适合区域、适合桂林银行、适合客户、符合政策及监管要求的产品，才能立足市场，谋求发展。

（二）提供专业化的金融服务

密切总行与分支机构的业务联动，深挖企业客户需求，精准匹配适宜产品，为企业解决融资难题提供专业的金融服务。这既能顺应桂林银行业务发展，提升自身业务能力；又能让投行业务获得长足发展，有效服务实体经济，为区内有潜质企业提供多元化的融资及财务咨询服务。

（三）实现承销和投资一体化

中心既可以是投资方，也可以是承销方，还可以是咨询方，根据客户的不同需求，提供一体化服务，不仅节省企业成本，还能充分运用中心现有资源，实现合作共赢。

（四）业务发展与风险管控同步提升

业务的稳健发展离不开风险的严密监控，风险管控能力离不开实际业务的磨砺，任何一方的短板都是致命的，为求稳健发展，同步提升两方能力才是长远之策和固本之举。

本文主创团队：桂林银行股份有限公司

执笔人：孙修勇、李艳华

图书在版编目（CIP）数据

面向东盟的金融开放门户改革创新典型案例.2020/广西建设面向东盟的金融开放门户指挥部办公室编.--北京：社会科学文献出版社，2021.11

ISBN 978-7-5201-8983-5

Ⅰ.①面… Ⅱ.①广… Ⅲ.①金融开放-国际合作-案例-广西、东南亚国家联盟-2020 Ⅳ.①F832.6 ②F833.306

中国版本图书馆CIP数据核字（2021）第178096号

面向东盟的金融开放门户改革创新典型案例（2020）

编　　者／广西建设面向东盟的金融开放门户指挥部办公室

出 版 人／王利民
责任编辑／王玉山　张丽丽
文稿编辑／公靖靖
责任印制／王京美

出　　版／社会科学文献出版社·城市和绿色发展分社（010）59367143
　　　　　地址：北京市北三环中路甲29号院华龙大厦　邮编：100029
　　　　　网址：www.ssap.com.cn
发　　行／市场营销中心（010）59367081　59367083
印　　装／三河市东方印刷有限公司

规　　格／开　本：787mm×1092mm　1/16
　　　　　印　张：16　字　数：223千字
版　　次／2021年11月第1版　2021年11月第1次印刷
书　　号／ISBN 978-7-5201-8983-5
定　　价／118.00元

本书如有印装质量问题，请与读者服务中心（010-59367028）联系